船舶焊接裂纹案例分析及对策

马金军 江泽新 韦青嵩 著

机械工业出版社
CHINA MACHINE PRESS

本书是作者多年在船舶与海洋工程建造领域对从试验及生产中所发现的焊接裂纹的分析及处理的技术工作经验总结。内容包括船舶焊接方法概述、FCB 埋弧焊、FAB 埋弧焊、单双丝及多丝埋弧焊、FCAW 焊、垂直气电焊等方法的裂纹案例，以及多层多道焊和母材开裂案例 9 个部分。

本书的特点是针对性强，详细介绍了船舶主要焊接工艺所产生典型裂纹的原因及对策，并细致分析了其外观、宏观及微观特征，将裂纹的各种形态原貌直观地展示给读者；同时本书通过收集各大主要船厂以及实践模拟的方式得到相关裂纹信息，案例丰富且具有代表性。

本书可供从事船舶与海洋工程焊接或同类型钢结构产品焊接的技术人员、焊接设计及检测人员阅读使用，也可供大专院校、科研院所、企事业单位从事有关教学、科研人员参考学习。

图书在版编目（CIP）数据

船舶焊接裂纹案例分析及对策/马金军，江泽新，韦青嵩著. —北京：机械工业出版社，2022.11

ISBN 978-7-111-71572-6

Ⅰ.①船… Ⅱ.①马… ②江… ③韦… Ⅲ.①船舶-焊接缺陷-裂纹-案例-研究 Ⅳ.①U671.83

中国版本图书馆 CIP 数据核字（2022）第 167881 号

机械工业出版社（北京市百万庄大街22号　邮政编码100037）
策划编辑：张维官　责任编辑：王　颖
责任校对：朱光明　封面设计：桑晓东
责任印制：李　昂
北京联兴盛业印刷股份有限公司印刷
2023 年 1 月第 1 版第 1 次印刷
169mm×239mm・11.25 印张・208 千字
标准书号：ISBN 978-7-111-71572-6
定价：68.00 元

电话服务　　　　　　　　网络服务
客服电话：010-88361066　机 工 官 网：www.cmpbook.com
　　　　　010-88379833　机 工 官 博：weibo.com/cmp1952
　　　　　010-68326294　金 书 网：www.golden-book.com
封底无防伪标均为盗版　　机工教育服务网：www.cmpedu.com

前 言

我国造船行业经过近 20 年的飞速发展，在造船吨位上一度达到世界第一的地位。在造船产量不断上升的同时，焊接作为船舶建造中的一道重要工序也得到长足的发展，从原有的焊条电弧焊转变为实芯焊丝气体保护焊、药芯焊丝气体保护焊，单丝埋弧焊发展为多丝埋弧焊、单面埋弧焊等。在焊接方法日益增多、焊接材料用量逐渐增加、焊接效率优先发展的同时，焊接缺陷，尤其是危害最大的焊接裂纹仍时有发生，有时在交船后才被检查出来，造成了不可估量的经济损失。因此，如何预防及解决焊接裂纹是国内各大船厂焊接技术人员的重要工作之一。

目前，对于船舶焊接裂纹分析及相关对策进行系统性整理后编写的书籍不多，而船舶工业发展至今，迫切需要关于系统性介绍裂纹种类、产生位置以及应对措施的技术书籍。本书的特点是针对性强，详细介绍了船舶主要焊接工艺所产生典形裂纹的原因及对策，并细致分析了其外观、宏观及微观特征，将裂纹的各种形态直观地展示给读者；同时本书收集案例较多，通过收集各大船厂以及实践模拟的方式得到相关裂纹信息，资料详尽且具有代表性。

本书可供从事船舶与海洋工程焊接或同类型钢结构产品焊接的技术人员、焊接设计及检测人员阅读使用，因此并不阐述高深的理论，而着重于描述事实以及操作性较强的对策，也可供大专院校、科研院所、企事业单位从事有关教学、科研人员参考学习。

在本书的写作过程中，得到了陈华、刘博、李豹、毛文全、黎剑新、罗雄、黄佳建、王浩、李红菊、张华、邱海君、郑文凯等的大力支持，有的参与了研究过程，有的提供了相关技术资料，有的参加了图表的编辑，在此致以衷心的感谢。对书中所引用的文献作者及出版部门一并表示感谢。限于作者水平，书中定有不妥之处，敬请读者批评指正。

目　录

前言

第1章　概述 ... 1
1.1　船舶焊接工艺方法现状 ... 1
1.2　焊接裂纹的类型 ... 4

第2章　FCB埋弧焊裂纹案例 ... 8
2.1　FCB埋弧焊工艺 ... 8
2.2　终端纵向裂纹 ... 9
2.2.1　裂纹特征 ... 9
2.2.2　裂纹类型 ... 11
2.2.3　原因分析 ... 13
2.2.4　预防措施 ... 15
2.2.5　FCB其他纵向裂纹 ... 19
2.3　背面横向裂纹 ... 22
2.3.1　裂纹特征 ... 22
2.3.2　裂纹类型 ... 22
2.3.3　原因分析 ... 24
2.3.4　预防措施 ... 26

第3章　FAB埋弧焊裂纹案例 ... 27
3.1　FAB埋弧焊工艺 ... 27
3.2　终端纵向裂纹 ... 28
3.2.1　裂纹特征 ... 28
3.2.2　裂纹类型 ... 29
3.2.3　原因分析 ... 32
3.2.4　预防措施 ... 33
3.3　根部纵向裂纹 ... 34

3.3.1 裂纹特征	34
3.3.2 裂纹类型	34
3.3.3 原因分析	37
3.3.4 预防措施	38

第4章 单双丝及多丝埋弧焊裂纹案例 ... 39

4.1 单丝埋弧焊焊趾裂纹	39
4.1.1 案例概况	39
4.1.2 裂纹特征	40
4.1.3 原因分析	42
4.1.4 预防措施	45
4.2 单丝埋弧焊焊道中裂纹	45
4.2.1 案例概况	45
4.2.2 裂纹特征	46
4.2.3 原因分析及预防措施	49
4.3 双丝埋弧焊槽壁弯曲裂纹	49
4.3.1 裂纹特征	49
4.3.2 原因分析	50
4.3.3 解决措施	53
4.4 铜污染裂纹	53
4.4.1 案例一	53
4.4.2 案例二	54
4.4.3 原因分析及预防	54
4.5 T形接头双丝埋弧焊横向裂纹	56
4.5.1 裂纹特征	56
4.5.2 原因分析及预防措施	59
4.6 单道多丝埋弧焊横向裂纹	59
4.6.1 裂纹特征	59
4.6.2 原因分析及预防措施	61

第5章 FCAW对接焊缝裂纹案例 ... 64

5.1 FCAW对接焊工艺	64
5.2 平对接根部裂纹	65
5.2.1 裂纹特征	65
5.2.2 裂纹类型	69
5.2.3 原因分析	69
5.2.4 影响因素	70
5.2.5 预防措施	78
5.3 横对接根部裂纹	80

- 5.3.1 裂纹特征 …… 80
- 5.3.2 裂纹类型 …… 84
- 5.3.3 原因分析 …… 84
- 5.3.4 预防措施 …… 85
- 5.4 根部弧坑裂纹 …… 86
  - 5.4.1 裂纹特征 …… 86
  - 5.4.2 裂纹类型及原因分析 …… 91
  - 5.4.3 预防措施 …… 91
- 5.5 铜污染裂纹 …… 94
  - 5.5.1 裂纹特征 …… 94
  - 5.5.2 原因分析 …… 96
  - 5.5.3 预防措施 …… 97

第6章 FCAW 角焊缝裂纹案例 …… 98

- 6.1 FCAW 角焊工艺 …… 98
- 6.2 平角焊缝中心纵向裂纹 …… 98
  - 6.2.1 裂纹特征 …… 98
  - 6.2.2 裂纹类型 …… 102
  - 6.2.3 裂纹原因分析 …… 103
  - 6.2.4 预防措施 …… 105
- 6.3 平角焊缝横向裂纹 …… 106
  - 6.3.1 裂纹特征 …… 106
  - 6.3.2 原因分析 …… 108
  - 6.3.3 预防措施 …… 111
- 6.4 立角焊缝纵向裂纹 …… 112
  - 6.4.1 裂纹特征 …… 112
  - 6.4.2 原因分析 …… 114
  - 6.4.3 预防措施 …… 116
- 6.5 立向下角焊缝纵向裂纹 …… 117
  - 6.5.1 裂纹特征 …… 117
  - 6.5.2 原因分析及预防措施 …… 119
- 6.6 纵骨流水线平角焊缝裂纹 …… 119
  - 6.6.1 裂纹特征 …… 119
  - 6.6.2 裂纹原因及预防措施 …… 121
- 6.7 立角焊缝修补裂纹 …… 121
  - 6.7.1 裂纹特征 …… 121
  - 6.7.2 原因分析 …… 123
  - 6.7.3 预防措施 …… 125

第7章 多层多道焊裂纹案例 ································· 126
7.1 T形接头坡口焊缝打底裂纹 ····················· 126
7.1.1 裂纹特征 ··· 126
7.1.2 原因分析 ··· 128
7.1.3 预防措施 ··· 128
7.2 厚板T形接头焊趾裂纹 ·························· 129
7.2.1 裂纹特征 ··· 129
7.2.2 原因分析 ··· 132
7.2.3 处理方案 ··· 134
7.2.4 预防措施 ··· 134
7.3 厚板对接缝横向裂纹 ····························· 135
7.3.1 裂纹特征 ··· 135
7.3.2 裂纹重现模拟试验 ······························· 137
7.3.3 原因分析 ··· 143
7.3.4 裂纹的检测及处理 ······························· 144
7.3.5 预防措施 ··· 145
7.4 T形接头全熔透焊缝横向裂纹 ·················· 146
7.4.1 裂纹特征 ··· 146
7.4.2 裂纹处理 ··· 148
7.4.3 原因分析 ··· 150
7.4.4 预防措施 ··· 150

第8章 母材开裂案例 ······································· 152
8.1 分层开裂 ··· 152
8.1.1 裂纹特征 ··· 152
8.1.2 原因分析 ··· 153
8.1.3 预防措施 ··· 154
8.2 平行于轧制方向开裂 ····························· 156
8.2.1 裂纹特征 ··· 156
8.2.2 裂纹类型 ··· 156
8.2.3 原因分析 ··· 158
8.2.4 预防措施 ··· 159
8.3 垂直板面开裂 ······································ 160
8.3.1 裂纹特征 ··· 160
8.3.2 原因分析 ··· 161
8.3.3 预防措施 ··· 163

第9章 垂直气电焊裂纹案例 ····························· 165
9.1 熄弧裂纹 ··· 165

9.1.1 裂纹特征 …………………………………………………………… 165
9.1.2 原因分析 …………………………………………………………… 166
9.1.3 预防措施 …………………………………………………………… 167
9.2 表面横向裂纹 …………………………………………………………… 167
9.2.1 裂纹特征 …………………………………………………………… 167
9.2.2 原因分析与预防措施 ……………………………………………… 168

参考文献 ………………………………………………………………………… 169

第1章 概述

1.1 船舶焊接工艺方法现状

我国造船焊接工艺方法主要有三大类,即焊条电弧焊、埋弧焊、气体保护焊。其中,埋弧焊根据焊丝数量不同一般分为单丝埋弧焊、双丝埋弧焊、三丝埋弧焊,根据正反面焊接情况分为单面埋弧焊(FCB法和FAB法)和双面埋弧焊;气体保护焊主要有熔化极气体保护焊和氩弧焊。对于熔化极气体保护焊,根据焊丝种类不同可分为实芯焊丝气体保护焊(GMAW)和药芯焊丝气体保护焊(FCAW);根据保护气体种类不同分为活性气体保护焊(如CO_2气体保护焊)和惰性气体保护焊;根据自动化程度分为半自动化、机械化、自动化(或智能化)三大类。

船体建造根据阶段不同一般分为小组、中组、大组、总组、搭载等阶段,不同的阶段所应用的方法也有所区别。以 VLCC 原油轮为例,将各个阶段的焊接方法进行分类(见图 1-1、图 1-2),分段制造阶段(包括小组、中组、大组)主要焊接方法见表 1-1,总组及搭载阶段主要焊接方法见表 1-2。

表 1-1 分段制造阶段主要焊接方法

序号	阶段	部件与接头	焊接位置	焊接方法	备注
①	小组	平直板对接	平焊	单丝埋弧焊、双丝埋弧焊	一般为双面埋弧焊
②	小组	加强材角焊	平焊	FCAW(机械化,如简易角焊小车)	部分造船厂采用机器人进行焊接
③		加强材角焊	平焊、立焊	FCAW(半自动)	

(续)

序号	阶段	部件与接头	焊接位置	焊接方法	备注
④	中组、大组	平直板对接	平焊	FCB 埋弧焊、单丝或双丝双面埋弧焊、FAB 埋弧焊	
⑤		平面分段纵骨的角接	横角焊	FCAW（机械化，如双面双丝专用设备、简易角焊小车）	
⑥		分段构件之间的角接、构件与板的角接	横角焊、立角焊	FCAW（半自动或机械化，如简易角焊小车）	
⑦		曲面板的拼接	平焊、立焊、横焊	单面衬垫 FCAW（半自动或带轨道的全位置焊接小车）、FAB 埋弧焊	
⑧		曲面分段纵骨的角接	横角焊	FCAW（半自动或机械化，如简易角焊小车）	

注：FCAW 主要指药芯焊丝 CO_2 气体保护焊，下同；焊条电弧焊主要用于装配定位焊以及局部焊接、修补，表中未列出。

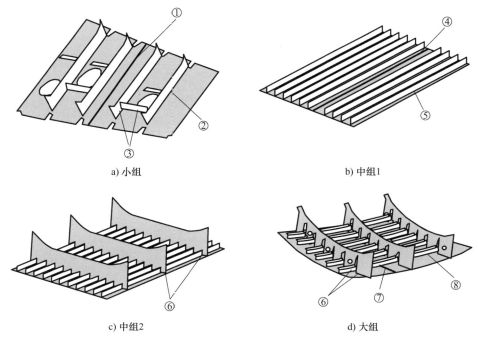

a) 小组　　　　　　　　　　　　b) 中组1

c) 中组2　　　　　　　　　　　　d) 大组

图 1-1　分段制造阶段焊接方法编号

注：①~⑧为接头类型序号。

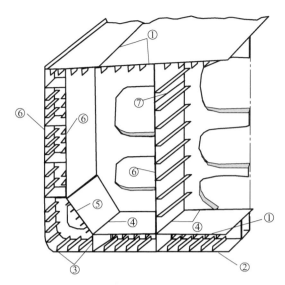

图 1-2 预搭载、搭载阶段焊接方法编号
注:①~⑦为接头类型序号。

从表 1-1 和表 1-2 可以看出,FCAW 和埋弧焊是最主要的焊接方法,根据国内各大船厂的统计(以焊接材料用量进行计算),各方法占比见表 1-3。

表 1-2 总组及搭载阶段主要焊接方法

序号	接头	焊接位置	焊接方法	备注
①	内底板对接 甲板对接	平焊	单面衬垫 FCAW + 单丝埋弧焊	
②	外底板对接	平焊	单面衬垫 FCAW(半自动)	
③	内部构件对接	平焊、立焊、横焊	单面衬垫 FCAW(半自动)	
④	纵横舱壁板与内底板角接	平焊	FCAW(半自动或机械化,如简易角焊小车)	
⑤	边纵舱斜板对接	立焊	单面衬垫 FCAW(半自动或机械化,如带轨道的全位置焊接小车)	
⑥	外板、纵横舱壁板对接	立焊	垂直气电焊(EGW)	
			单面衬垫 FCAW(半自动)	对于带线形或倾斜角度较大的情况
⑦	纵横舱壁板对接	横焊	单面衬垫 FCAW(半自动或机械化,如带轨道的全位置焊接小车)	

表 1-3 主要焊接方法所占比例

序号	焊接方法类型		占比（%）	备注
1	FCAW（半自动）	—	60~85	—
2	FCAW（机械化、自动化）	T 排或纵骨流水线、各种焊接小车	5~25	
		垂直气电焊	≤0.5	
		焊接机器人	≤0.5	国内大部分船厂暂无
3	埋弧焊（包括 FCB 埋弧焊、FAB 埋弧焊）	单丝、双丝埋弧焊	5~10	如无 FCB 埋弧焊及 FAB 埋弧焊工艺，则其数据合并于单丝、双丝埋弧焊
		FCB 埋弧焊	2~8	
		FAB 埋弧焊	≤1	
4	焊条电弧焊	—	8~15	

1.2 焊接裂纹的类型

按照中国船级社《材料与焊接规范》所列，船舶所用材料主要以一般强度船体结构用钢、高强度船体结构用钢为主。一般强度船体结构用钢名义屈服强度≥235MPa，合金元素少，w_C≤0.21%；高强度船体结构用钢以名义屈服强度进行划分，有 H32（屈服强度≥315MPa）、H36（屈服强度≥355MPa）、H40（屈服强度≥390MPa），钢的碳当量一般≤0.45%，如果以 TMCP 状态交货，碳当量≤0.42%。因此，船舶所用主要钢材的冷裂纹敏感系数 P_{cm} 低，焊接性良好。根据船舶常见典型裂纹的形态及成因，主要有以下类型。

（1）按焊缝走向划分 按焊缝走向将裂纹分为纵向裂纹、横向裂纹以及星形与弧形裂纹。纵向裂纹是指裂纹平行于焊缝长度方向分布、扩展，如图 1-3 所示；横向裂纹是指裂纹垂直于焊缝长度方向分布、扩展，如图 1-4 所示。星形与弧形裂纹是指裂纹在焊道呈星形（或鸡爪形）分布，或大体垂直于焊纹呈弧形分布，前者主要出现在收弧弧坑处，如图 1-5 所示。

（2）按裂纹的发生位置划分 按裂纹发生的位置一般分为焊缝区裂纹和热影响区裂纹，还有一部分裂纹发生在母材上，主要指受焊接应力的影响而开裂。焊缝区裂纹发生在焊缝中心位置（见图 1-3a）；热影响区裂纹如图 1-6 所示，在焊缝焊趾位置存在连续或断续平行于焊缝的裂纹；母材因为受到焊接应力影响而开裂的情况比较少，其裂纹并不在焊接热影响区域内，如图 1-7 所示。

（3）按裂纹的产生条件划分 按裂纹产生的条件进行划分主要有两大类：一类为产生于高温下的热裂纹系列，包括结晶裂纹（也称凝固裂纹）、液化裂纹、高温低塑性裂纹及再热裂纹；另一类是产生于低温下的冷裂纹系列，包括延迟裂纹、热应力裂纹、淬硬脆化裂纹及层状撕裂。典型热裂纹如图 1-8 所示，冷裂纹如图 1-9 所示。

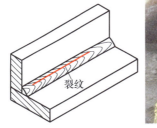

a) 对接焊缝纵向裂纹

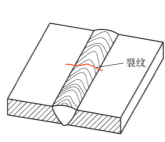
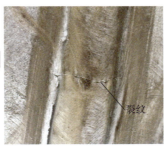

b) 角接焊缝纵向裂纹

图 1-3　纵向裂纹

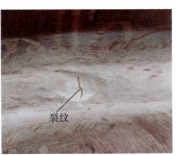

a) 对接焊缝横向裂纹

b) 角接焊缝横向裂纹

图 1-4　横向裂纹

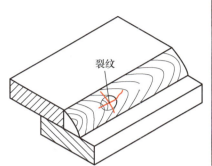
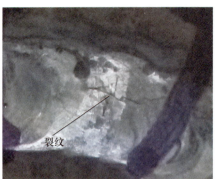

图 1-5　星形裂纹

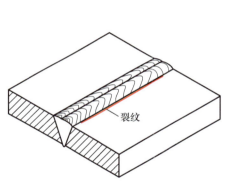

图 1-6　热影响区裂纹

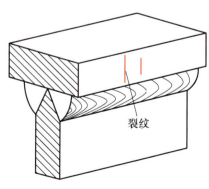

图 1-7　母材开裂

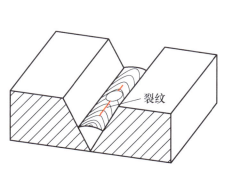 

图 1-8　热裂纹

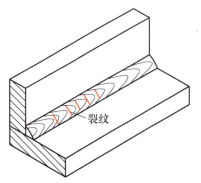 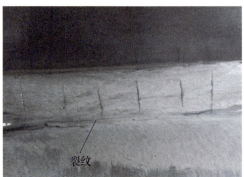

图 1-9　冷裂纹

第2章 FCB埋弧焊裂纹案例

2.1 FCB 埋弧焊工艺

埋弧焊是指电弧在焊剂层下燃烧进行焊接的方法,而 FCB(Flux Copper Backing)埋弧焊是一种单面多丝埋弧焊方法。其原理是在铜板上均匀铺洒一层焊剂,并将平直对接接头背面紧贴焊剂,正面采用双丝、三丝或四丝埋弧焊进行焊接,从而达到一次焊接、正反面都成形的高效焊接工艺。在部分厚板拼板焊接中,可以在正面坡口内填充一定高度的铁粉或碎焊丝,从而使焊接效率更高。其原理如图 2-1 所示。FCB 埋弧焊主要应用于船体平直分段的拼板焊接,其焊接厚度范围为 10~40mm,材质适用于 EH40 或其强度、韧性等级以下所有船体结构用钢。

FCB 埋弧焊属于一次焊接成形工艺,其热输入量随着板厚的增加而增加,如图 2-2 所示,最大热输入量可达 270kJ/cm。焊接热输入量大,除了在焊缝及热影响区产生粗晶组织导致力学性能下降外,也容易产生裂纹,最为典型的是焊缝终端纵向裂纹以及背面焊缝的横向裂纹。

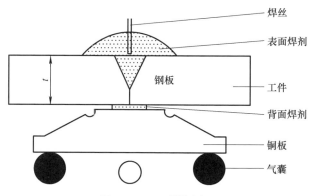

图 2-1　FCB 焊接原理

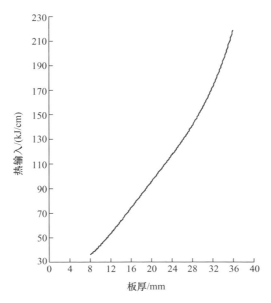

图 2-2　热输入与板厚的关系

2.2 终端纵向裂纹

2.2.1 裂纹特征

FCB 埋弧焊的终端纵向裂纹是该工艺本身比较容易产生的一种缺陷,发生概率较高,且在各种板厚、不同焊缝长度、各种材质中均可能出现,属于常见的裂纹案例,因此,在生产中必须针对性地采取措施进行预防。

终端裂纹均呈纵向分布,从焊缝宽度上看位于焊缝中心,从厚度上看位于厚度中间或偏向于根部。焊缝表面一般不可见,需通过 UT 或 RT 检测才能发现。图 2-3、图 2-4 所示是终端裂纹 X 光照片,可以看到其裂纹位于焊缝中心,且开裂的程度也有不同;图 2-5、图 2-6 所示是终端裂纹宏观金相图片,可以看到裂纹在厚度方向上的分布。

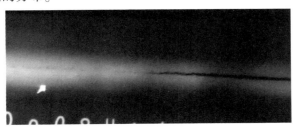

图 2-3　终端裂纹 RT 成像图(AH36,20mm)

图 2-4 终端裂纹 RT 成像图（AH36，24.5mm）

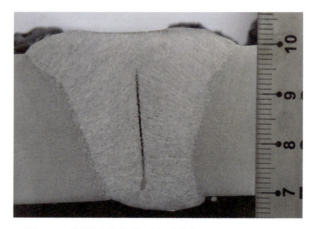

图 2-5 终端裂纹横截面宏观金相（DH36，30mm）

图 2-6 终端裂纹横截面宏观金相（EH36，34mm）

虽然定义为终端裂纹，但具体发生的位置也会因为引出板的尺寸、类型以及终端装配时处理的方式不同而存在差异。目前，发现的裂纹具体位置有两种：第一种是裂纹位于终端端口，如图 2-7a 所示；第二种是裂纹位于距终端最后一个定位焊靠首侧位置150~200mm处,如图2-7b所示。

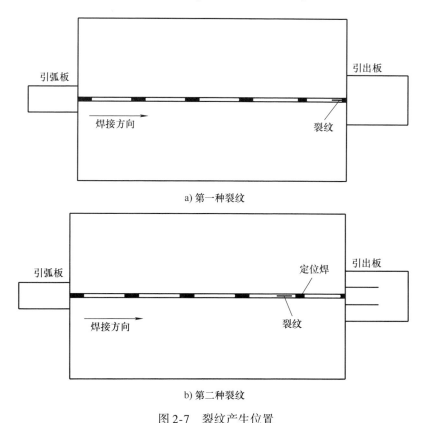

图 2-7 裂纹产生位置

2.2.2 裂纹类型

从图2-5及图2-6宏观金相可以看到,两侧柱状晶从熔合线向焊缝中心生长,裂纹位于柱状晶交汇的区域,是焊缝最终凝固的位置;图2-5显示裂纹尺寸中部比上下大,表明裂纹起裂位置位于厚度中心,也是整个焊缝四周向中心最后凝固的位置。根部区域的柱状晶形成方向大致与母材平齐,此种结晶方式非常容易使偏析的杂质在焊缝中心聚集并形成液态薄膜,从而使裂纹的产生具备了一定的条件。对图2-6裂纹区域进行金相光学显微镜观察,裂纹较粗,且呈零散分布,部分并未联通,开裂位置一部分沿先共析铁素体晶界,另一部分沿晶内针状铁素体穿过较粗先共析铁素体,裂纹两侧圆钝并未形成尖锐角,其裂纹微观金相形貌如图2-8所示。

将存在裂纹的对接接头横向拉断,观察其断口形态,如图2-9所示。与受拉应力断裂的位置相比,裂纹断口整齐,呈亮白色。对于裂纹断口采用SEM检测,如图 2-10 所示。可明显看到整个断口面由表面光滑晶界面组成,且表面有一些尚未凝固的液层在开裂后依附于晶粒表面而凝固,属于非常典型的凝固裂纹断口形貌。

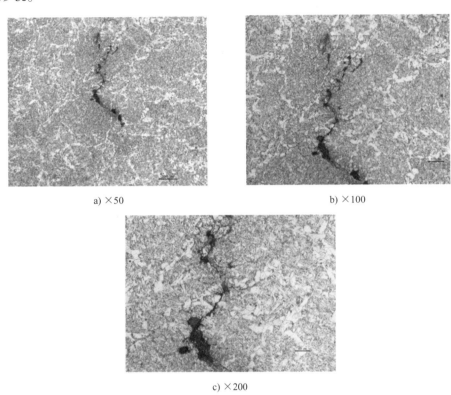

图 2-8 裂纹微观金相形貌

图 2-9 裂纹拉伸断口

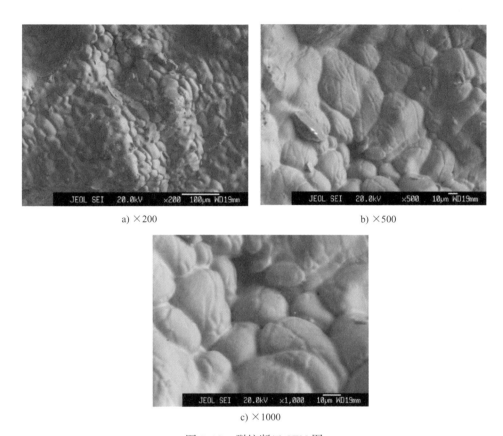

图 2-10 裂纹断口 SEM 图

通过现场生产实践，在 FCB 埋弧焊焊接完成冷却到室温后，如果存在终端裂纹，进行 UT 检测则可以立即发现。因此根据上述分析，可以判定 FCB 终端裂纹属于热裂纹中的结晶裂纹。

2.2.3 原因分析

裂纹产生的诸多因素大体可归结为两大类：冶金因素和力学因素。冶金因素是由于焊接是一个非常不平衡的快速升温与凝固过程，必然产生不同程度上的焊缝金属或热影响区物理和化学状态的不均匀性；力学因素是由于热循环所引起的热应力、组织应力与外加的拘束应力，或是各种应力的叠加。归纳起来，一定的冶金因素与力学性能的配合，是焊接裂纹产生的充分且必要的条件。

针对 FCB 终端裂纹的产生，仍然以图 2-6 所产生的裂纹作为目标样从冶金因素和力学因素进行分析。图 2-6 所示裂纹所用的母材为 EH36，厚度 34mm，焊丝为日本进口焊接材料，母材、焊丝及熔敷金属化学成分见表 2-1，可以看到无论是母材、焊丝及熔敷金属，C、P、S 含量都极低，且 Mn 含量高，属于不容易导致产生偏析富集的低熔点共晶的情况，即使本案例属于热裂纹，但冶金因素并非主要原因。

表 2-1 母材、焊丝、熔敷金属化学成分（质量分数） （%）

材料名称	C	Mn	Si	P	S
母材	0.09	1.46	0.21	0.004	0.003
焊丝	0.07	1.93	0.03	0.012	0.004
熔敷金属	0.10	1.32	0.18	0.010	0.004

力学因素方面，很多国内资料对 FCB 终端裂纹产生的力学因素进行了阐述，主要源于焊接过程中终端发生的回转变形。其中有对 FCB 焊接所产生的终端回转变形进行了测量，如图 2-11 所示。距离终端 500mm 施以一个具有约束力的定位焊，并在此定位焊与终端之间采用两种定位焊方式进行固定，一种是定位焊间距为 15mm，其结果如图 2-12a 所示，一种是定位焊间隔为 150mm，其结果如图 2-12b 所示。可以看到，FCB 在焊接至距离终端 2m 范围时，终端会逐渐发生回转偏移，这种偏移由于受到定位焊的约束而累积，当熔化最后一个具有约束力的定位焊时，累积偏移会得到释放，这种释放是缓慢还是突然，则与最后一个具有约束力的定位焊以及终端的其他约束有关系。图 2-12a 显示由于有密集的定位焊从而使得回转偏移是缓慢增加的，而图 2-12b 显示，间隔较大的定位焊使得回转偏移突然由 0.4mm 增大到 1.04mm，从而产生一个突然释放的回转应力，此回转应力是产生终端裂纹的力学因素。图 2-7 显示的裂纹位置证明了这种回转力的存在。如果终端熄弧板约束力足够强，则 FCB 焊接到最后一个定位焊时也不会因为熔化定位焊而产生大的回转变形，只有当 FCB 焊接到引出板上时，使得引出板与板端受热而失去约束力且熄弧板温度升高而膨胀，最终产生一个回转变形，使得裂纹出现在图 2-7a 所示位置；当终端熄弧板约束力不够强，比如

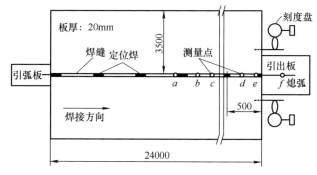

图 2-11 回转变形位移测量示意

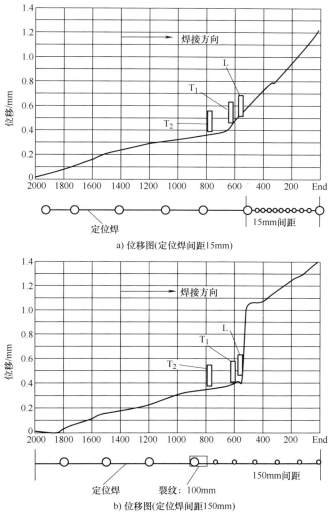

图 2-12 回转变形位移图

注：T_1 为后丝1，T_2 为后丝2，L 为前丝。

如单切缝熄弧板或双切缝熄弧板，则当 FCB 焊接到最后一个定位焊时会因为熔化定位焊而产生大的回转变形，但裂纹并不靠近定位焊处，因为第一根焊丝与第三根焊丝存在 155~180mm 的距离，此范围内焊缝仍然处于高温状态，能够形成自愈合，超过此范围处于脆性温度区的焊缝则发生凝固裂纹，如图 2-7b 所示。

2.2.4 预防措施

结合对于 FCB 终端裂纹的类型以及原因分析结果，控制终端回转变形或消除终端变形是最有效的预防裂纹发生的措施。目前在中国及日本造船厂，对于预防终端裂纹主要有以下几种方法。

（1）终端拘束焊法　终端拘束焊法是在终端一定长度范围内采用其他电弧焊方法焊接一定厚度的拘束焊缝将其固定，因此，即使 FCB 焊接到终端时也不会因为熔化拘束焊缝而引起终端回转变形，进而控制终端裂纹的产生。典型的拘束焊方案如图 2-13 所示。

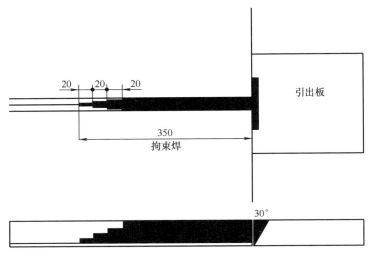

图 2-13　终端拘束焊法

终端拘束焊法是现行所采用的各种终端裂纹防止方法中可靠度最高的一种，其终端裂纹防止率在各种板厚、各种焊缝长度级别中也是最高的。此方法的缺点：一是拘束焊缝焊接需要耗费一定的时间；二是由于拘束焊缝的存在，背面不能成形，需要在后道工序进行背面未焊透区域的碳弧气刨、焊接修补，而且是仰焊焊接，对于焊工的技能要求较高，操作不当会产生二次缺陷，如夹渣、气孔等。

（2）单切缝引出板法　单切缝引出板法是在常规的平板引出板上开一个切口，用于缓慢释放终端回转变形位移，使得 FCB 焊接到引出板上时回转变形已经释放大部分，使其不能引起焊缝的开裂。为了达到防止裂纹的目的，需要对最后一个定位焊的位置进行限定，一般要求距离终端至少 500mm，理论上距离越远，回转变形越小，即使 FCB 焊接到此位置并熔化定位焊时回转变形小，不足以产生裂纹。因为定位焊距离终端较远，所以为了装配板时不至于错边，需要在定位焊与终端之间布置定位焊用于临时装配固定，其典型的操作方法如图 2-14 所示。

此方法操作简单，不需要焊接拘束焊缝，也不需要背面再返修，但是由于熄弧板的强度有限，对于厚板的裂纹防止效果较差，目前只适用于板厚在 20mm 以下的钢板。

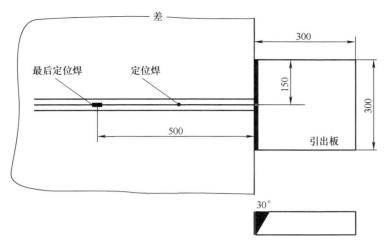

图 2-14 单切缝引出板法

（3）双切缝引出板法　双切缝引出板法是在常规的平板引出板上开两个切口用于隔离 FCB 电弧引到引出板上时的热量，使得终端回转变形平缓而不至于引起突然变形位移（见图 2-15），从而控制终端裂纹的产生，其原理与单切缝引出板法类似，典型尺寸及安装方法如图 2-16 所示。

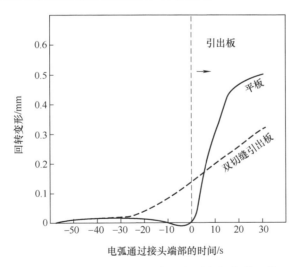

图 2-15 双切缝引出板法与平板引出板变形比较

相对于终端拘束焊法，双切缝熄弧板法的优点是操作简单，不需要进行仰焊修补，但其在防止裂纹方面成功率较低，实际生产中成功率不到 20%，尤其是厚板，因为其约束终端回转变形的能力与引出板的尺寸、切缝的长度、安装方法有直接关系，如图 2-17 和图 2-18 所示，所以尺寸越大、安装越牢固，约束力越强，但也只是相对而言、定性分析，实际操作中无法计算出适合于每一种板厚、焊缝长度相对应的引出板尺寸、切口长度或安装角度、钝边，以达到防止裂纹的目的。

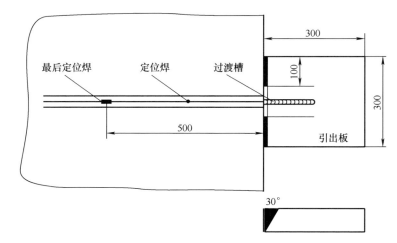

图 2-16 双切缝引出板法

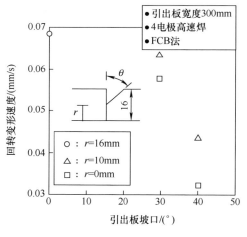

图 2-17 引出板坡口、钝边与
回转变形速度的关系

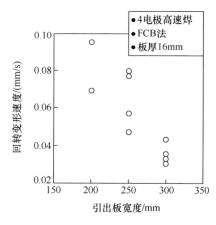

图 2-18 引出板宽度与
回转变形的关系

（4）弧坑会合法　弧坑会合法是先从拼接接头的一端进行焊接，在接头中部熄弧，然后将焊接机头移动至另一端进行反向焊接，当焊接到在先焊接的焊缝弧坑上时停止焊接，如图 2-19 所示。

弧坑会合法的优点是基本消除了终端回转变形，也就不可能产生终端裂纹，可以 100% 防止终端裂纹。但其缺点也非常明显，即焊接效率降低，每条缝焊接都需要中断一次，而且焊机掉头后又需要重新进行焊丝矫正、对中工作，辅助时间延长;同时如果先焊弧坑不进行碳弧气刨削斜处理,后焊弧坑会合处可能存在焊接缺陷,且会合后的焊缝余高超过标准,需要进行焊接修补及降低余高处理,增加了修补时间。由于弧坑会合法效率较低,因此在生产中基本没有采用。

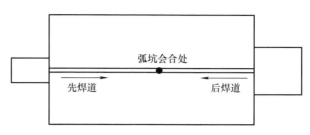

图 2-19 弧坑会合法

(5) 火焰矫正法 终端裂纹的产生是由于终端的回转变形所致,火焰矫正法则是在终端区域进行加热,使其产生一个与回转变形方向相反的收缩力,从而抵消或降低回转变形,达到防止裂纹产生的方法,其矫正方法如图 2-20 所示。火焰矫正的温度根据钢板的强度、厚度而定,加热温度在 400~700℃。

火焰矫正法相对于终端拘束焊法优点是不需要进行背面焊返修,节省了修补工位停留时间,相对于单、双切缝方法是防止裂纹较为有效的方法。据国内某船

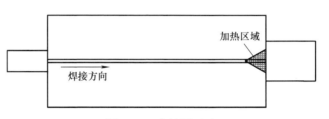

图 2-20 火焰矫正法

厂施工统计,对于 16~24mm 同等板厚的工件对接时,终端裂纹产生可以控制在 5% 以内。缺点是操作要求较高,需要熟练掌握加热的区域、温度、时机及加热速率,否则难以达到防止裂纹产生的目的;火焰矫正法相对于钢板在焊接前进行了高温加热,而 FCB 又属于大热输入焊接,因此,接头会因为高温停留时间及冷却速度降低而发生性能尤其是冲击韧度下降的情况;同时对于板厚超过 24mm 且拼板长度超过 14m 的焊缝,裂纹产生概率升高。

2.2.5 FCB 其他纵向裂纹

FCB 除了关注终端裂纹,也需要关注其他类型纵向裂纹,这些裂纹都属于热裂纹中的结晶裂纹,且都位于焊缝中心。

(1) 未焊满所产生的裂纹 FCB 焊接属于一次焊接成形工艺,但施工时由于组装间隙、角度偏差导致未能焊满,致使焊缝低于母材。这种情况会使得焊缝的深宽比加大,晶粒生长方向与钢板水平面的夹角偏小,合金和杂质元素的偏析程度扩大,同时增加了拘束应力,最终导致结晶裂纹的产生。

为了模拟这种裂纹的产生,采用 FCB 先焊接但不焊满,然后采用埋弧焊盖

面的方式进行试验。试验钢板为 AH36，规格为 2000mm × 1000mm × 21.5mm，两块板进行拼接，焊接参数见表2-2，焊缝成形如图2-21所示。对接头进行横向拉伸及侧向弯曲试验，可以明显看到裂纹断口面非常平整，呈光亮色泽，与终端裂纹断口相同，如图2-22所示。

这种裂纹只有在未焊满的情况下产生，因此，一旦出现类似情况，采用埋弧焊盖面焊接完成后应进行 UT 检测，确认裂纹是否存在，及时进行焊接返修。

表 2-2 FCB + SAW 焊接参数

焊接方法		焊丝直径/mm	焊接电流/A	电弧电压/V	焊接速度/(cm/min)
FCB	L（前丝）	4.8	1420	35	64
	T1（中丝）		950	40	
SAW		5.0	800	34	43

a) FCB焊接焊缝成形　　　　　　　b) 埋弧焊盖面焊缝成形

图 2-21　焊缝成形

a) 拉伸试验断口　　　　　　　b) 弯曲试验断口

图 2-22　裂纹断口

（2）十字接头焊缝裂纹　FCB 焊接一般都是应用在沿着船体长度方向的纵缝，且要求焊缝每一侧板厚一致，以提高焊接质量及效率。但在船体结构进行排板布置以及分段划分时，仍然会存在横向焊缝。现在的处理方法有两种，一种是横向焊缝先采用埋弧焊进行焊接，使其每一侧两块不等厚板形成一个整体，如图2-23a所示；另一种方式是在靠近需采用FCB焊缝一侧约100mm范围内先采用气体保护焊进行焊接处理，使纵向坡口均匀一致，然后采用FCB焊接，待其完成后再将剩下横向焊缝采用气体保护焊完成，如图2-23b所示。对于第一种方法可能会在十字缝靠首侧1m范围内产生纵向裂纹，其与终端裂纹的类型一致，如图2-24所示。防止这种裂纹的方法仍然是采用拘束焊法，在埋弧焊与FCB焊缝交叉位置采用气体保护焊前后共堆焊长300mm、厚度约10mm的熔敷金属，待FCB焊接完成后，背面再进行未焊透缺陷的修补。这种防止方式的缺点是背面需要返修，增加了修补工作量，优点是在防止裂纹的同时也避免了交叉位置焊穿的情况。因为横向焊缝经过埋弧焊焊接后，端部会有变形，很难达到非常平整及组装间隙控制在1mm以内的要求，如果不进行堆焊，焊穿的概率增大，仍然需要修补，且修补量更大。

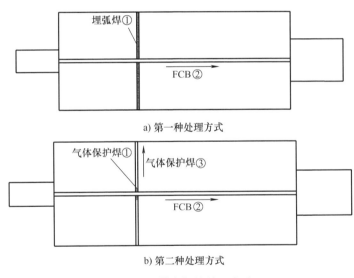

图 2-23 横向焊缝处理方法

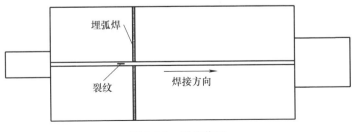

图 2-24 裂纹位置

2.3 背面横向裂纹

2.3.1 裂纹特征

FCB 埋弧焊的背面成形借助于铜衬垫上的热固化焊剂,背面焊剂受热后凝结形成熔渣覆盖在焊缝上。在日本及国内的船厂,偶尔会发现背面焊缝存在横向裂纹。这种横向裂纹有时肉眼能发现,但有些难以观察到,如果不进行检测或预防,焊缝质量将存在较大隐患。

裂纹均垂直于焊缝长度方向,长短不一,有的外观难以观察到,有的横跨焊缝扩展到母材,并能肉眼明显观察到。横向裂纹深度方面,大部分位于焊缝余高内,只有当裂纹一直未处理,任其扩展,才会深入焊缝内部。横向裂纹可以发生在任何材质、厚度的接头,从焊缝长度上看并无确定的区域,可能发生在任意位置。图 2-25 是一些典型的横向裂纹图片,图 2-26 是碳弧气刨一定深度后仍然可以看到的裂纹。

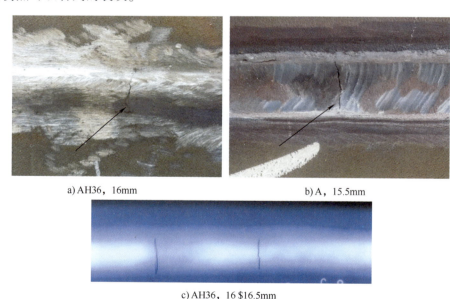

a) AH36,16mm   b) A,15.5mm

c) AH36,16 $16.5mm

图 2-25 背面横向裂纹

2.3.2 裂纹类型

为分析 FCB 背面横向裂纹的类型,截取了 4 条焊缝中的 4 处裂纹作为分析对象。4 条焊缝的相关焊接参数见表 2-3。对产生裂纹的焊缝做中纵剖面的宏观

图 2-26　横向裂纹碳弧气刨后（AH36，15 $18mm）

金相分析用于观察裂纹的深度及位置，如图 2-27 所示和表 2-4。裂纹所发生的位置除编号 c 外，均位于焊缝背面余高的"波谷"位置，c 裂纹位于"侧腰"上，最近的"波峰"高度为 5mm，实际已经接触到铜板。

表 2-3　产生裂纹的焊缝焊接参数

焊缝编号	板厚/mm	材质	焊接材料来源	背面焊剂高度/mm	热输入量/（kJ/cm）	裂纹编号
1	13.5	A	日本	5	75	a
2	13.5	A	日本	5	74	b
3	23	DH36	日本	5	122	c
4	15 $ 17	A	国产	5	82	d

表 2-4　不同测量点的焊缝余高　　　　　　　　　（单位：mm）

编号	A	B	C	D	E
a	3	4.5	4	5.5	4
b	3.5	4	3.5	4.5	4.5
c	4	5	3	3.5	—
d	4	3	4.5	—	—

图 2-28 为裂纹 a、b、d 的微观组织，裂纹均是由外向内开裂，与先共析铁素体的方向相同，边界不平直，呈弯曲状。a、b 裂纹沿先共析铁素体开裂，边界存在较多碎块状铁素体，且在裂纹最内端已经开始扩展，且也是沿先共析铁素体晶界开裂；d 裂纹起裂位置穿过了先共析铁素体沿着晶内的针状铁素体边界，再向内侧开始均是沿先共析铁素体晶界进行扩展开裂。

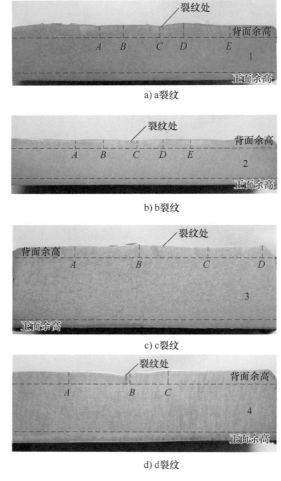

a) a裂纹

b) b裂纹

c) c裂纹

d) d裂纹

图 2-27 横向裂纹位置

2.3.3 原因分析

根据裂纹所在焊缝的焊接条件、宏观与微观组织分析以及 SEM 结果，裂纹与母材的成分、焊接材料的品牌并无直接的关系，母材既可以为普通强度 A 级钢，也可以是高强度 DH36 钢，焊接材料所选用的进口及国产品牌均有裂纹产生。在实际生产中，裂纹在焊缝冷却后通过肉眼或表面检测，如 MT 或 PT 均能够发现，如经过处理，则后续不会再产生裂纹。从裂纹所产生的位置分析，可以看到背面的焊缝凹凸不平，裂纹所处的位置两侧或一侧存在焊缝偏高情况。由于 FCB 焊接背面是采用铜板衬托焊剂使背面强制成形，铜板会使背面焊缝冷却速度加快，因此，背面焊缝凹凸不平会引发靠近铜板的焊缝（即余高较高的焊缝）先冷却，余高低的焊缝后冷却。先冷却的焊缝产生收缩应力，如果后冷

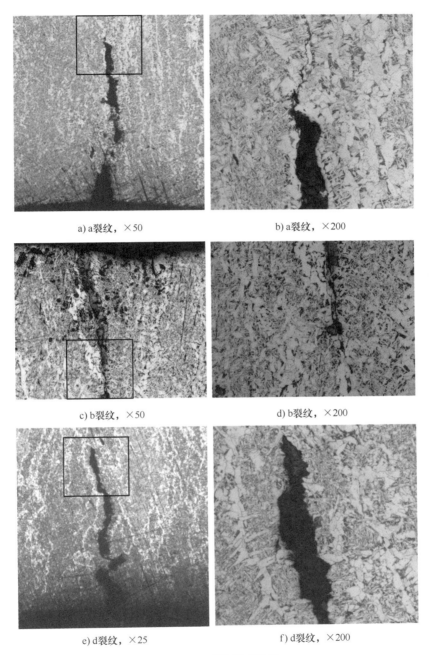

a) a裂纹，×50　　　　　　　　b) a裂纹，×200

c) b裂纹，×50　　　　　　　　d) b裂纹，×200

e) d裂纹，×25　　　　　　　　f) d裂纹，×200

图 2-28　裂纹微观组织

却的焊缝仍然处于脆性温度区不足以抵抗收缩应力，则可能发生开裂。裂纹的产生与背面焊缝的余高高度、平整度存在直接关系，焊缝余高越高，产生的收缩应力越大；平整度越低，后冷却的焊缝越多，开裂的数量越多。

余高增加会导致裂纹发生的概率提高，对于不会产生裂纹的余高值，相关资料给了一个参考标准，即对于23mm及以下板厚，余高应≤3mm，对于23mm以上板厚，余高应≤5mm，如图2-29所示。

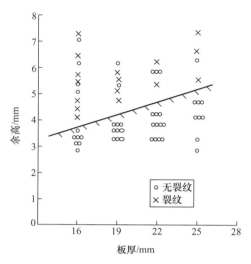

图2-29　余高对裂纹产生的影响规律

2.3.4　预防措施

预防背面横向裂纹的产生，最主要是控制背面焊缝的余高及平整度，主要从以下几个方面进行加强并控制。

（1）提高坡口、钝边、装配间隙的一致性　FCB焊接在焊前均已设定好焊接参数，过程中较少再调整焊接参数，坡口角度、钝边、装配间隙的一致性直接影响了背面焊缝成形的高度、宽度及平整度。而在实际生产中，往往很难控制坡口、钝边、装配间隙的一致性，如果不一致则应在切割及装配后进行标记，以使焊工在操作过程中及时进行调整。

（2）焊接过程的控制　重点控制背面焊剂铺设的均匀性及高度，一般为5mm；提高钢板与背面焊剂的贴紧度；关注焊接参数的稳定性，不稳定的焊接参数将导致背面焊缝余高不均匀。

（3）铜垫的平整度　铜垫在使用一段时间后，平整度需要测量并调整，对于被电弧击穿的位置需要修补或者更换，以免造成局部焊缝余高过高，接触铜板快速冷却后引起周边焊缝的开裂。

（4）焊后检测　焊接后在修补工位进行焊缝检测时，需测量背面焊缝余高，以图2-29为参考，超过标准值则可进行MT或PT检测。

第3章 FAB埋弧焊裂纹案例

3.1 FAB 埋弧焊工艺

FAB（Flexible Adhesive Fiberglass Backing）埋弧焊最早出现在日本，使用由焊剂加石棉衬垫和瓦楞纸板组合而成的衬垫，实现埋弧焊的单面焊双面成形效果。而后韩国对此项技术进行了重新开发，主要贡献是去除了对人体可能产生影响的含有石棉成分的衬垫，使用了陶瓷玻璃纤维衬垫（Flexible Fiberglass Backing）代替石棉玻璃纤维衬垫（Adhesive Fiberglass），因此，使用陶瓷衬垫实现埋弧焊的单面焊双面成形的技术又被称为 FGB，因二者的区别主要体现在衬垫方面，但成形原理和应用领域相同，本书均称之为 FAB 埋弧焊，背面衬垫统称为陶瓷衬垫。

FAB 埋弧焊的原理如图 3-1 所示，背面采用陶瓷衬垫用于辅助背面成形，坡

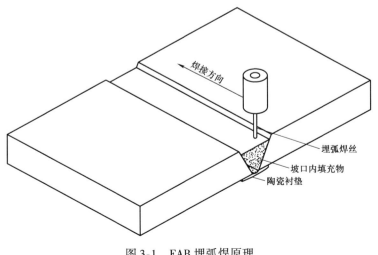

图 3-1　FAB 埋弧焊原理

口内填充一定量的铁粉或碎焊丝，再采用单丝或双丝埋弧焊在正面进行焊接，一次焊接正反双面成形。FAB 埋弧焊应用的母材材质与 FCB 相同，但板厚有限，一般不超过 25mm。

由于需要一次焊接成形，FAB 埋弧焊焊接的热输入也相对较大，板厚与焊接热输入的关系如图 3-2 所示。因此，FAB 埋弧焊同样会产生如 FCB 埋弧焊的终端纵向裂纹和因未焊满所产生的纵向裂纹。

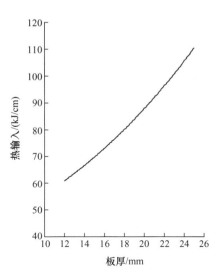

图 3-2 FAB 埋弧焊板厚与热输入的关系

3.2 终端纵向裂纹

3.2.1 裂纹特征

FAB 埋弧焊终端裂纹与 FCB 埋弧焊类似，出现的位置也大致相同，如图 2-7 所示，但相对于图 2-7bFCB 埋弧焊终端裂纹位置，FAB 埋弧焊终端裂纹距离定位焊较短或与定位焊重叠，这与 FAB 埋弧焊的单熔池长度有关，不同于 FCB 埋弧焊有第三或第四根焊接丝来填充盖面。裂纹均位于焊缝中心，如果出现在 2-7a 图示位置，大都可以在表面观察到，如图 3-3、图 3-4 所示。对图 3-3 中 A 和 B 截面以及图 3-4 可见裂纹截面做宏观金相分析，可见裂纹均位于焊缝中心，处于两侧结晶的交汇处，且裂纹垂直于柱状晶结晶方向，如图 3-5 所示。裂纹在厚度布置上有贯穿整个焊缝的情形，裂纹未延伸至表面的则基本居于厚度中间。

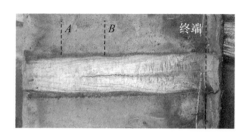

图 3-3 FAB 埋弧焊正面纵向裂纹（AH36，23mm）

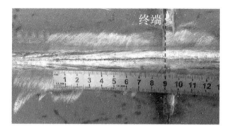

图 3-4 FAB 埋弧焊正面纵向裂纹（A，6mm）

a) 图3-3A截面   b) 图3-3B截面

c) 图3-4裂纹横截面

图 3-5　纵向裂纹横截面宏观金相

3.2.2　裂纹类型

从宏观金相上分析，纵向裂纹产生于焊缝结晶的交汇处，对图 3-1 试样做横向拉伸，断裂后看到裂纹断口平整，有非常明显的氧化色，如图 3-6 所示，符合典型的热裂纹特征；为了了解裂纹纵向分布情况，对于某 A 级别钢 FAB 埋弧焊焊缝终端裂纹（见图 3-7）进行横向拉伸，看到裂纹沿纵向及厚度方向分布（见图 3-8），裂纹断口氧化色明显，但沿纵向并不均匀，距离终端 40~50mm 氧化最严重，往终端氧化色有所减弱，往起终端则明显减弱，说明终端裂纹发生在高温的不同阶段。观察图 3-5b 裂纹附近的微观组织，焊缝金属以先共析铁素体和晶内针状铁素体为主，裂纹边界凹凸不平，部分裂纹位于柱状晶末端，另一部分裂纹穿过先共析铁素体沿内部针状铁素体开裂，如图 3-9 所示。

为进一步分析裂纹特征，对图 3-8 区域不同位置（a、b、c、d）的断口进行 SEM 检测如图 3-10 所示。虽然宏观上颜色并不同，但 b、c、d 电镜扫描图基本相同，都是光滑的类似于石头状的晶面，符合凝固裂纹中的高温-低温中间区；a 区域从宏观上看并非连续的裂纹区域，但局部呈现裂纹的特点，如图 3-10b 所示，断口平坦光滑，应属于低温区残留的液相在拉伸应力作用下开裂，而图 3-10a 除去光滑区域，则是典型外力作用下撕裂的断口。

图 3-6　横向拉伸断口

图 3-7　终端裂纹（A，18mm）

图 3-8　终端裂纹纵向分布

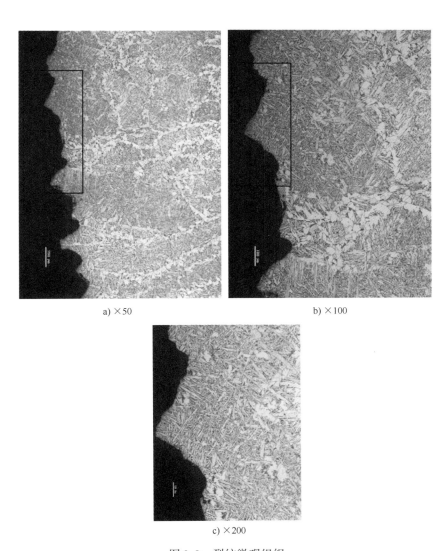

a) ×50   b) ×100

c) ×200

图 3-9 裂纹微观组织

a) a区域，×200   b) a区域，×500

图 3-10 纵向裂纹断口电镜扫描图

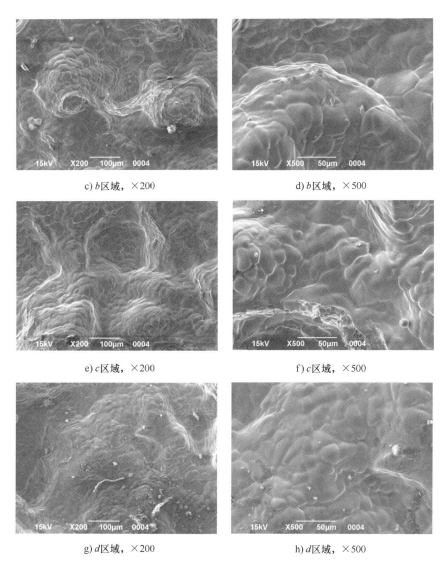

c) b 区域，×200
d) b 区域，×500
e) c 区域，×200
f) c 区域，×500
g) d 区域，×200
h) d 区域，×500

图 3-10　纵向裂纹断口电镜扫描图（续）

注：试样由于存在氧化，因此扫描前经过超声波清理；图中颗粒状或条状的图形属于外来杂质，未清理干净所致。

3.2.3　原因分析

　　FAB 埋弧焊终端纵向裂纹产生的原因与 FCB 埋弧焊相同，均是由于终端回转变形所产生的应力超过凝固过程中熔敷金属的结合力，从而产生裂纹，相关情况可以参考 FCB 埋弧焊产生裂纹的分析数据。对于 FAB 埋弧焊可以进行一个不同熄弧位置对于裂纹发生概率的试验，图 3-11a 是熄弧位置在引出板上产生裂纹的情形，图 3-11b 是熄弧位置不超过引出板位置未产生裂纹的情形。图 3-11a 此种情况说明当熄弧到引出板上时，造成了熄弧板的受热膨胀及固定引出板与焊接板的焊缝受热失去固定作用导致了回转变形的突然增大，从而引起裂纹的产生，而同样的板厚及长度，图 3-9b 表明如果电弧距离终端 50mm 停止，则不会使引出板的固定失去作用，从而限制了回转变形的突然发生，因而也不会导致终端裂纹的产生。

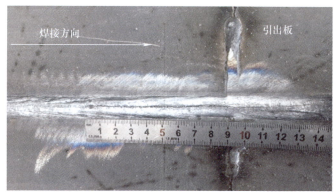

a) 产生裂纹

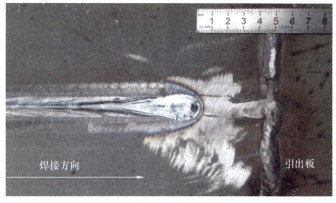

b) 未产生裂纹

图 3-11　不同熄弧位置对于裂纹产生的影响

3.2.4　预防措施

预防或减少 FAB 埋弧焊终端裂纹产生概率的重点仍然是防止终端回转变形的突然变化或在焊接过程中阻止其不发生变化，其措施可以参考 FCB 埋弧焊焊接的几种方式，其中最有效的方式依然是终端拘束焊法。

由于FAB埋弧焊焊接需要背面采用陶瓷衬垫,因此背面不需要复杂的衬垫系统,这为预防FAB埋弧焊终端裂纹产生提供了另外一种方法,即在终端背面进行卡码加强的方式,如图3-12所示。这种方法的原理是FAB埋弧焊即使焊接到引出板上导致引出板约束作用消失,也会由于背面加强作用大大降低了终端回转变形的发生,从而降低终端裂纹的发生。其缺点是需要增多加强板焊接、拆除的工时。

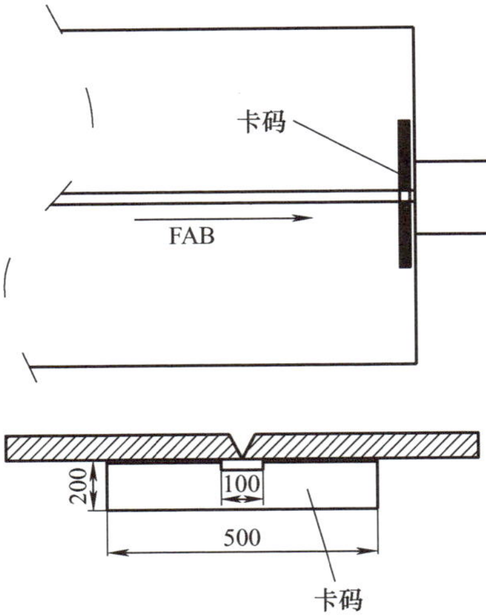

图 3-12　背面卡码加强方法

3.3　根部纵向裂纹

3.3.1　裂纹特征

FAB埋弧焊根部裂纹出现在单道焊未焊满的情况下,与FCB埋弧焊未焊满类似。裂纹靠近根部,位于焊缝中心,呈纵向分布。从背面刨开焊缝后,可以肉眼观察到裂纹的状态,如图3-13所示,不明显的位置经过PT检测后则可显现(见图3-14)。FAB埋弧焊如果存在未焊满,则裂纹也并非一定会发生,即使发生也不是整条连续,而是呈局部或断续状态。

图 3-13　根部纵向裂纹(肉眼观察)

3.3.2　裂纹类型

经过多次试验,有两种情况下容易出现根部裂纹,一种是较厚工件,另一种是存在较大组装间隙,两种情况的工艺条件见表3-1。1#试验组装间隙较小,

图 3-14 根部纵向裂纹（PT 检测）

填充材料的高度约为 17mm，焊接完成后再采用埋弧焊填充盖面；2#试验组装间隙较大，先添加较薄的碎焊丝采用 FAB 埋弧焊方法进行一道焊接，然后为了提高效率，填充焊接第一道时仍然添加了一层碎焊丝，计划一道填充焊接盖面，但焊接完成后发现有焊偏情况，则补充了一道埋弧焊盖面焊接。

两个试验在进行侧面弯曲测试时均发生了不同程度的根部中心开裂，如图 3-15 所示。1#试验通过宏观金相（见图 3-16）可以看到根部有微细的裂纹，裂纹底部距离背面约 4mm，顶部与第一道填充埋弧焊相接，高度约 4mm，与弯曲试样完全吻合；弯曲试样显示裂纹位置相对于其他部位颜色白亮，整齐度高（见图 3-15a）。2#试验弯曲后根部开裂断口在颜色上差别较小，宏观金相如图 3-17a 所示，根部未发现线性缺陷，而是点状缺陷，将点状缺陷部分局部抛光后观察到类似于疏松或者偏析杂质存在，如图 3-17b 所示，且走向也不是沿厚度方向，而是沿水平方向，长度约 0.5mm；进一步腐蚀后的微观组织显示，缝隙的内部存在零散的铁素体组织，应为偏析杂质。值得关注的是这种杂质 UT 或 X 射线很难观察到，需要调高灵敏度后才能发现，当受到外力如碳弧气刨清除缺陷时，此类偏析杂质则开口扩展，呈现纵向裂纹形态，如图 3-14 所示。

两种缺陷都属于高温下的产物，1#试验的缺陷属于凝固裂纹，2#试验的缺陷属于偏析杂质，纵向连续或断续分布，受外力作用开口后呈现裂纹形态。

表 3-1 两种裂纹焊接参数

试验编号	试板材质及厚度	焊道编号	焊接方法	填充材料及高度	焊接参数		
					焊接电流/A	电弧电压/V	焊接速度/(m/h)
1#	EH36, 28mm	1	FAB	碎焊丝17mm	1030	34	22
		2~6	SAW	无	730~830	29~31	22~26

(续)

试验编号	试板材质及厚度	焊道编号	焊接方法	填充材料及高度	焊接参数		
					焊接电流/A	电弧电压/V	焊接速度/(m/h)
2#	EH36, 23mm	1	FAB	碎焊丝12mm	860	35	22.5
		2	SAW	碎焊丝10mm	870	35	19.5
		3（补焊）	SAW	无	770	32	22.4
装配节点及焊道布置	1#						
	2#						

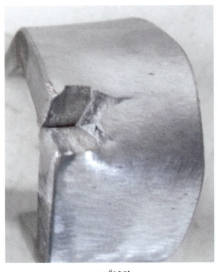

a) 1#试验   b) 2#试验

图 3-15 侧面弯曲试验根部开裂

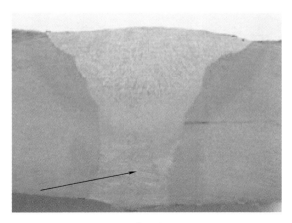

图 3-16　1#试验宏观金相

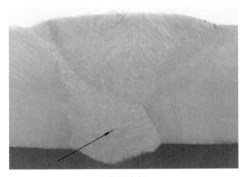

a) 宏观金相

b) 微观金相，×100

图 3-17　2#试验宏观及微观金相

3.3.3　原因分析

FAB 埋弧焊未焊满引起的问题是焊缝呈下凹形态及焊道深度与宽度的变化，改变了焊缝结晶的方向，使得结晶沿垂直于坡口面的方向发展转为平行于水平面方向，导致杂质在焊缝中心聚集并沿厚度方向分布，在收缩应力的作用下发生裂纹。

但以上两种试验的弯曲开裂形成原因并不完全相同，1#试验 FAB 埋弧焊打底焊道宽深比约为 0.8，产生"梨形"焊缝，从而导致裂纹产生，虽然观察裂纹只有 4mm，但实际发生的裂纹大于 4mm，因为填充 SAW 焊接时已经熔化了一部分；2#试验 FAB 埋弧焊打底焊道宽深比为 1.4，焊缝并非"梨形"，理论上不应产生裂纹，实际上宏观金相发现只是偏析杂质，未形成与 1#相同的沿厚度方向的裂纹。对于 2#试验产生严重偏析杂质的原因可能与组装间隙偏大或碎焊丝填充量过大有关,为了验证碎焊丝的影响,按照表3-1中2#参数进行3#和4#试验,两个试验的检测结果表明满足要求,且弯曲试验都未发生根部开裂。3#试验与2#试验前面两道大体相同,只是碎焊丝换成了铁粉。试验结果证明,铁粉在防止根部杂质偏析上优于碎焊丝;4#试验则是第二道未填充材料直接采用埋弧焊焊接,直接埋弧焊的优点是会对第一道焊缝重新进行熔化,熔化深度相对于2#试验有所增加,且对第一道的偏析杂质进行了熔化,从而避免了弯曲开裂。

3.3.4 预防措施

对于小间隙FAB埋弧焊焊接,首先不推荐采用多道焊,即对于一些厚板,由于不能实现一次成形因此不应采用FAB埋弧焊打底焊、SAW填充盖面焊接的方式,因为这种方式非常容易产生打底焊缝裂纹。根据日本、韩国应用FAB埋弧焊焊接的经验,单丝FAB埋弧焊一次焊接最大厚度为25mm,若超过此厚度,则采用双丝FAB埋弧焊,以一次焊接完成作为最低目标。焊接过程中如发生未满焊情况,则此位置必须进行UT或RT检测,确认是否存在裂纹,以便及时采取修补措施。

对于存在装配间隙超过5mm的情况,如需要采用FAB埋弧焊打底,则需要控制两个方面:一是填充材料的高度不宜过高,一般不超过12mm;二是填充材料选择铁粉,且第二道尽量不再增加填充材料来提高焊接效率,利用第二道埋弧焊来加大打底焊道的熔深,从而减少打底焊道存在偏析的风险。

第4章

单双丝及多丝埋弧焊裂纹案例

4.1 单丝埋弧焊焊趾裂纹

4.1.1 案例概况

国内某船舶产品部分构件为管道结构,管道直径为2.3m,由平板卷成单个圆筒,采用单丝埋弧焊焊接纵缝,单个圆筒接长组合采用药芯焊丝气体保护焊焊接环缝。圆筒钢板材质为低合金高强度钢,厚度42mm,屈服强度要求≥490MPa,抗拉强度≥610MPa,QT状态供货,典型的化学成分和力学性能分别见表4-1、表4-2。制作完成后发现部分纵缝埋弧焊焊趾及焊道与焊道过渡位置存在纵向裂纹,纵缝内外两面均存在开裂情况,其位置如图4-1所示,现场实物裂纹如图4-2所示。

表4-1 钢板典型化学成分

化学成分(质量分数,%)													备注	
C	Mn	Si	P	S	Cu	Ni	Cr	Nb	V	Ti	Mo	B	Ceq	P_{cm}
0.06	1.45	0.22	0.0098	0.0016	0.05	0.22	0.16	0.004	0.035	0.011	0.17	0.001	0.39	0.17

表4-2 钢板典型力学性能

屈服强度/MPa	抗拉强度/MPa	伸长率(%)	冲击吸收能量平均值/J(-20℃)
649	699	19	278

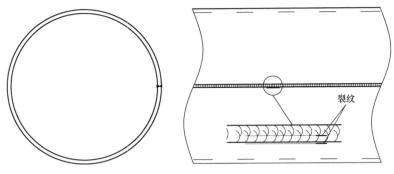

图 4-1 圆筒裂纹位置

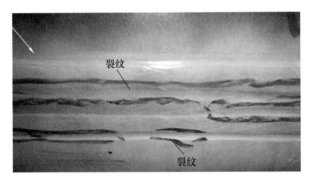

图 4-2 裂纹实物图（磁粉检测）

4.1.2 裂纹特征

裂纹均为纵向裂纹，裂纹发生在焊缝与母材、焊缝与焊缝之间焊趾位置，经过打磨后测量，裂纹深度大部分为 1～2mm（打磨后进行 MT，确认无裂纹后再进行测量），只有一个位置裂纹深度达 8mm，少量局部裂纹深 4～5mm。通过检测发现，这些裂纹存在延迟现象（即隔几天检测会发现新的裂纹出现）。为了详细了解裂纹的特征，截取裂纹位置进行焊缝宏观金相观察，如图 4-3 所示，A 位置为盖面多道焊结合部位，是管内侧焊缝；B 位置为盖面焊道与母材结合部位，是管外侧焊缝。对 A 位置进行抛光和腐蚀，进行 100 倍光学显微镜观察，如图 4-4 所示，裂纹深度约为 0.5mm，裂纹位于最后一个焊道的热影响区（对前道埋弧焊盖面焊道），裂纹边界粗糙，裂纹长度方向大致垂直于焊缝表面；同样对 B 位置进行抛光和腐蚀以及 100 倍显微镜观察，如图 4-5 所示，裂纹深度约 0.9mm，位于最后一道焊缝的热影响区，裂纹边界比较光顺，大致垂直于焊缝表面并向母材方向延伸。两个裂纹的起裂位置都属于焊趾位置，即焊道截面变化的位置。

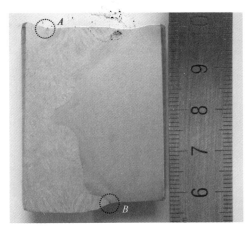

图 4-3 焊缝宏观金相图（焊缝中分）

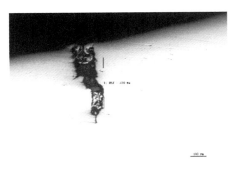
a) 抛光后图

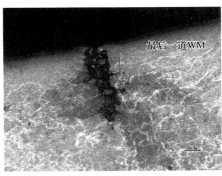
b) 腐蚀后图

图 4-4 A 位置裂纹微观金相图

a) 抛光后图

b) 腐蚀后图

图 4-5 B 位置裂纹微观金相图

4.1.3 原因分析

根据以上裂纹的特征，初步判定该裂纹为冷裂纹类型，并从冷裂纹产生的三大因素（淬硬组织、氢含量及拘束应力）进行分析。

初步分析，项目所涉及的母材虽然为低合金高强度钢，但碳当量并不高，属于焊接性较好的材料，产生淬硬组织的倾向较小；焊接材料为国产品牌MCJ62CF/JH-SJ101，并通过焊接工艺评定试验，各项力学性能满足标准要求，但并未看到相关扩散氢含量的测量；根据工艺要求，装配时在坡口内进行定位焊，并无其他强制固定措施，拘束应力也较小。

经过现场调查及分析，认为可能导致裂纹的产生有两个方面因素：一是现场焊接时并未进行预热，会导致热影响区冷却速度过快而产生淬硬组织，从而诱发冷裂纹发生；在制定圆筒焊接工艺时，考虑到钢板虽然为低合金钢，但碳当量较低，而埋弧焊热输入量又相对较大，即使不预热也不会产生脆性组织，因此焊接工艺并无预热要求，工艺认可试验也是按此要求执行。二是圆筒焊接完成后反复滚圆所致，因为工艺要求平板通过轧辊转成所需要的直径及弧度后再进行埋弧焊，如果有局部变形通过火焰矫正，而实际情况是焊接位置两侧的板并未达到相关的弧度，而是平直状态，然后采用埋弧焊双面焊接完成后再通过轧辊进行滚圆达到所需要的弧度，如图4-6所示；如果按此操作，直缝内侧将受到轧辊的反复碾压，背面焊缝受到拉伸作用，而焊缝本身变截面或过渡位置是应力集中点，受到外力作用后会首先起裂。因此，基本上认为第二个因素是裂纹产生的主要原因。

图4-6 圆筒焊接完成

为进一步验证焊接材料以及未预热的影响情况，分别选择同类型国内2个品牌埋弧焊焊接材料（包括现场应用的焊接材料）以及国外4个品牌且氢含量为H4等级的焊接材料模拟实际焊接试验，试验情况见表4-3。从抗拉强度方面看，虽然大部分断裂在焊缝位置，但每种焊接材料焊接后的结果都能满足最低610MPa的要求，冲击吸收能量有高有低，但也均满足最低27J的要求，宏观金相及侧向弯曲均未见缺陷或开裂情况。

硬度测量按照图4-7取正反面A和C线进行，每个区域的硬度单个及平均值（3个值一组平均）最大值见表4-4，最大值均出现在热影响区，但最高值也只有278HV10，并无淬硬组织，因此，未预热并不会对接头正反表面的硬度产生较大影响。

表4-3 采用不同品牌焊接材料焊接试验结果

坡口节点	50°/70°坡口，板厚42，钝边14，间隙0~2					
焊接参数	焊接电流：650~800A，电弧电压：26~33V，焊接速度：28~30m/h，焊前不预热					
焊接材料厂家	国外品牌A	国内品牌A	国外品牌B	国外品牌C	国外品牌D	国内品牌B（现场所用）
抗拉强度/MPa	681、682	687、687	655、669	624、627	618、615	648、647
断裂位置	母材	焊缝	焊缝	焊缝	焊缝	焊缝
冲击吸收能量(-20℃)/J　WM	90、108、109	49、60、74	178、178、162	187、203、212	170、87、136	106、127、72
冲击吸收能量(-20℃)/J　HAZ	86、146、173	208、212、236	256、262、270	240、252、243	250、270、269	62、61、98
宏观	未发现肉眼明显可见的焊接缺陷					
4个侧弯	完好无开裂					

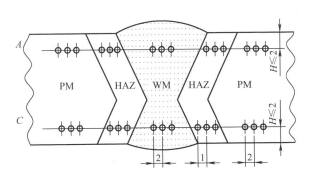

图4-7 硬度测试位置

表4-4 采用不同品牌焊接材料焊接硬度测量结果 （HV10）

焊接材料名称	硬度指标	母材	热影响区	焊缝
国内品牌A	单个最大值	250	278	238
	平均值最大值	243	272	231

(续)

焊接材料名称	硬度指标	母材	热影响区	焊缝
国内品牌 B	单个最大值	245	256	241
国内品牌 B	平均值最大值	238	251	226
国外品牌 A	单个最大值	247	270	250
国外品牌 A	平均值最大值	240	263	246
国外品牌 B	单个最大值	258	270	262
国外品牌 B	平均值最大值	250	262	256
国外品牌 C	单个最大值	249	273	221
国外品牌 C	平均值最大值	243	258	214
国外品牌 D	单个最大值	248	255	220
国外品牌 D	平均值最大值	246	253	213

同时，考虑到圆筒焊缝受到再次碾压的问题，对6个品牌焊接材料所焊接的接头通过全厚度正反弯曲试验，弯头直径100mm，弯曲角度60°，弯曲后的结果通过肉眼观察及 MT 检测，发现均存在焊趾开裂的现象，具体情况见表4-5。以国外品牌 D 弯曲后的结果为例，其弯曲后的裂纹如图4-8所示。

表4-5 采用不同品牌焊接材料焊接接头全厚度弯曲检验结果

焊接材料厂家	国外品牌 A	国内品牌 A	国外品牌 B	国外品牌 C	国外品牌 D	国内品牌 B（现场所用）
肉眼观察	正弯:完好,背弯:35mm 裂纹	正弯:完好,背弯:30mm 裂纹	正弯:完好,背弯:完好	正弯:完好,背弯:10mm 裂纹	正弯:完好,背弯:6mm 裂纹	背弯:完好,正弯:熔合线全长开裂
MT 检测	焊缝表面与母材交界处、表面焊道之间不同程度存在开裂现象					

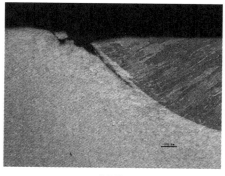 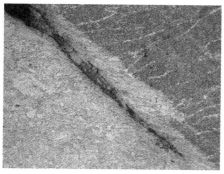

a) ×25　　　　　　　　　　　b) ×100

图4-8 全厚度背弯后焊趾裂纹

对于不同焊接材料焊接后的接头正反弯曲存在开裂长度或尺寸有差异,经查实主要为焊缝余高以及过渡角度不同而引起的差异,余高较高以及过渡角度越小,开裂现象越明显。因此,焊接材料的影响并不是导致本案例裂纹的原因,即使扩散氢含量更低的进口焊接材料同样会因为模拟现场的全厚度弯曲现象而发生开裂,也验证了产生裂纹的主要原因是应力集中的焊趾位置在外力作用下而产生裂纹的分析结果。

4.1.4 预防措施

根据以上裂纹的特征及原因分析,可以从两个方面预防焊趾纵向裂纹:一是平板滚圆并形成纵向接头后,确保两侧的弧度,坡口设计应尽量避免焊接后变形而再次进行辊压,从而减少焊缝受外力作用而产生裂纹。二是减少焊缝余高,使得焊缝与焊缝、焊缝与母材之间焊趾过渡平缓,如果因为变形必须进行辊压,这种平缓过渡的接头可以减少焊趾开裂的风险,必要时通过机械打磨或车铣方式将焊缝余高去除。

4.2 单丝埋弧焊焊道中裂纹

4.2.1 案例概况

采用某 40mm 船用 EH36 级别钢进行焊接试验,焊接完成后表面进行磁粉检测时发现有两道纵向线性缺陷显示(见图 4-9)。从磁粉痕迹显示,缺陷呈线性断续存在,分别分布在盖面焊道第 1、第 2 道(共 3 道),可以基本判定是裂纹缺陷。接头由两块 200mm(宽)×1000mm(长)的试板组对焊接而成,为自由状

a) 焊缝横截面

b) 焊缝正面

图 4-9　焊缝正面及侧面磁粉检测缺陷显示

态焊接；坡口为 V 形，间隙 0～3mm，打底焊道采用单丝 FAB 埋弧焊方法进行，形成约 20mm 厚的打底焊缝，然后采用普通单丝埋弧焊完成填充、盖面焊道。盖面焊接用焊丝与 FAB 埋弧焊的焊丝、焊剂相同，但未添加合金铁粉。整个试板的母材和焊丝的成分均满足船级社及相关标准要求，埋弧焊丝、铁粉、根部焊道和盖面焊道焊缝金属的化学成分见表 4-6。盖面焊道焊接参数分别为焊接电流 750A、电弧电压 33V、焊接速度 37cm/min。

表 4-6　化学成分（质量分数）　　　　（%）

材料名称	C	Mn	Si	P	S	Cr	Ni	Mo	B	Cu
焊丝	0.121	2.03	0.022	0.007	0.004	0.026	—	—	—	0.10
合金铁粉	0.030	0.98	0.32	0.006	0.009	—	3.16	0.54	—	—
根部焊道	0.063	1.10	0.47	0.014	0.006	0.031	0.67	0.061	0.0043	0.049
盖面焊道	0.059	1.28	0.45	0.011	0.006	0.026	0.14	0.024	0.0078	0.063

4.2.2　裂纹特征

截取裂纹横截面进行宏观金相观察，裂纹并未延伸到表面，均位于两道焊缝的中心位置，即最后结晶凝固的位置（见图 4-10）。对两处裂纹分别进行微观组织分析（见图 4-11），发现 1#裂纹边界线粗糙，周边组织均是先共析铁素体或块状铁素体，裂纹两端尚未形成尖角及扩展性开裂；2#裂纹边界线相对平滑，周边组织与 1#裂纹相同，但两端已形成尖角，具有一定的扩展趋势。采用线切割将 1#裂纹下端至背面焊缝切除后进行破断，观察裂纹纵向断面，中间白色区域为完好焊缝受外力作用破断裂的断面，两端为裂纹断面（见图 4-12）。横向截面宏观试样两侧均可看到裂纹，但中间却是不连贯的，不同的截面裂纹深度也不一致，因此，存在有些位置裂纹开裂到了表面，而有些位置表面观察不到。

由于试样存放时间较长，裂纹断面表面存在原有高温氧化色，也有暗红色的锈迹。对裂纹断面和完好焊缝破断面清洗后（未清除表面氧化物）进行电镜扫描观察，如图 4-13 所示。裂纹断面和焊缝断裂面均可看到焊缝结晶的方向（图片左右方向为焊缝厚度方向），从图 4-13a、b 可以观察到基体表面上有锈迹浮在裂纹面上，裂纹断面表面光滑、指向性明显，属于典型的沿晶断裂；图 4-13c、d 显示有韧窝断口和脆性断口两种类型，且以脆性断口为主，说明焊缝中心存在低能量撕裂的组织，也为后续已有裂纹扩展提供了条件。

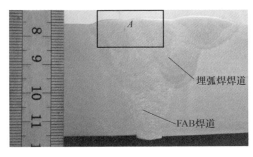
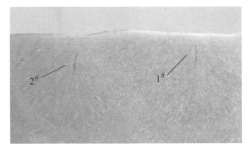

a) 断面宏观金相　　　　　　　　　　　b) A处放大图

图 4-10　焊缝宏观金相及裂纹位置

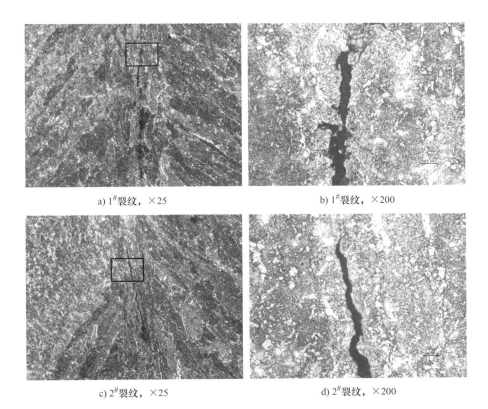

a) 1#裂纹，×25　　　　　　　　　　　b) 1#裂纹，×200

c) 2#裂纹，×25　　　　　　　　　　　d) 2#裂纹，×200

图 4-11　裂纹微观组织分析

图 4-12　裂纹纵向断面

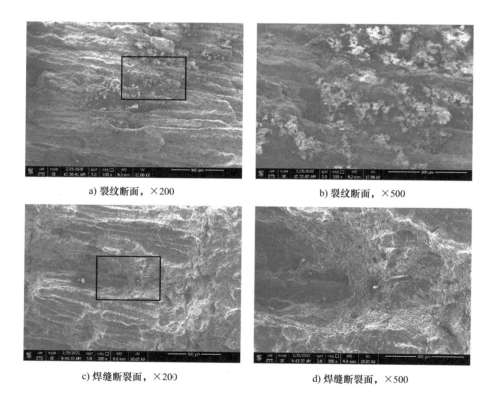

a) 裂纹断面，×200　　　　　　　　　　b) 裂纹断面，×500

c) 焊缝断裂面，×200　　　　　　　　　d) 焊缝断裂面，×500

图 4-13　裂纹断面及焊缝破断面电镜扫描

4.2.3 原因分析及预防措施

从宏观金相、微观组织和断口分析，盖面焊道中心的裂纹为典型的凝固裂纹。单丝埋弧焊是船舶行业效率较高、质量稳定的一种工艺，填充盖面多道焊产生裂纹的概率非常低，本案例也是非常罕见的情况。对于本案例中的焊道中心裂纹后来的解决方案分析，主要是由于焊丝、焊剂的成分不匹配导致。因为 FAB 埋弧焊为了提高填充量，可以除了额外增加合金铁粉外，所配的焊剂中也含有 25%~30% 的铁粉，以此调配形成 FAB 埋弧焊焊缝；填充盖面过程中则未添加合金铁粉，打破了原有的合金成分配比。

解决方案是在 FAB 埋弧焊焊接打底完成后，再在不改变焊丝的情况下将焊剂更换为常规单丝埋弧焊所配的焊剂，如 101 烧结焊剂，或采用普通埋弧焊材 H10Mn2 + SJ101 进行填充盖面，则未发现盖面焊道中心裂纹。

4.3 双丝埋弧焊槽壁弯曲裂纹

4.3.1 裂纹特征

槽形舱壁是油轮船体货舱区主要分舱结构，它承担船舶货舱与货舱隔断作用，由于隔断舱壁需要承受很大的载物压力，所以舱壁均采用槽形形式制作而成。同时这道舱壁上下承受的载物压力不同，越往下部承受的压力越大，因而这道舱壁是由不同板厚的高强钢拼接而成，越往底部，钢板越厚，再经过油压机弯曲加工形成槽形舱壁，弯曲角度一般为 67°，如图 4-14、图 4-15 所示为某成品油轮的槽形舱壁。在船舶建造过程中，槽形舱壁由于批量化，为了提高效率常会采用双丝埋弧焊的方法先进行不同板厚的钢板拼接，然后再进行弯曲加工成形，拼板焊缝在弯曲部位受拉面易产生开裂。

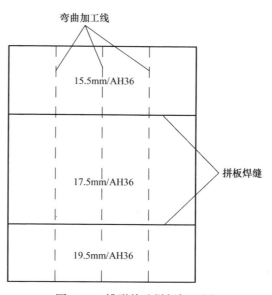

图 4-14 槽形舱壁拼板加工图

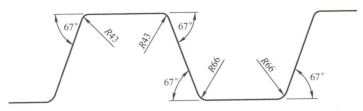

图4-15 槽形舱壁横截面

双丝埋弧焊拼板主要利用两根焊丝所产生的大热输入来提高熔深,对于20mm及以下板厚可以不用开制坡口,正反面各一道焊接完成拼板。双丝埋弧焊优势明显,不仅可以大幅度降低坡口切割量,同时减少了焊接层道数和背面碳弧气刨工作量,焊接速度也比单丝埋弧焊高30%~40%,总体拼板效率高。不足之处则是焊接热输入较高,母材的稀释严重,因此对于焊接材料的要求相对较高;另外,焊缝成形方面则是焊缝余高较大,两侧的焊趾过渡角度较小,易形成应力集中。

裂纹方向为焊缝表面的横向裂纹,裂纹通常位于焊缝表面弯曲曲率最大及其附近的位置,裂纹较为明显,肉眼可见,通常焊缝表面为始裂的位置,向内部延伸。由于裂纹出现的位置的不同,因此裂纹有深有浅,通常曲率最大的位置裂纹最深,裂口最大,裂纹长度大部分都会横向穿过整个焊缝,如图4-16所示。

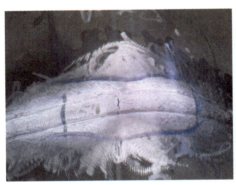 

图4-16 弯曲横向裂纹($t=18~22.5$mm,AH36)

4.3.2 原因分析

焊缝弯曲加工之所以会出现裂纹,主要原因在于弯曲加工焊缝外表面受拉延伸,内表面受压,如果焊缝外表面的伸长超过了焊缝的塑性承受能力,则焊缝外表面会开裂。

双丝埋弧焊焊接热输入较大,再加上不开坡口母材的高稀释作用,使用不同品牌的焊接材料时，其焊缝的组织会存在差异。为进一步分析对焊缝组织的影响，分别使用焊丝+焊剂组合 A（经过船级社双丝埋弧焊认证）和 B（只有单丝埋弧焊认证）进行 20mm 板厚的双丝埋弧焊试验，焊接参数见表 4-7。

表 4-7 试验参数

试样编号	焊丝+焊剂	焊道		焊接电流/A	电弧电压/V	焊接速度/（cm/min）	焊接热输入/（kJ/cm）
1#	A	正面	L	760	40.7	63.5	46.11
			T	524	34.1		
		背面	L	1058	42.2	61.83	64.51
			T	579	37.7		
2#	B	正面	L	758	42.9	62	51.6
			T	553	37.6		
		背面	L	1013	46	62	64.88
			T	557	36.7		

观察焊缝表面，1#试样焊缝表面的焊缝成形较好，焊缝均匀、光滑；2#试样焊缝表面成形较差。对两焊缝做进一步的宏观金相分析，结果如图 4-17 所示。经过测量 1#试样的正面焊缝余高约为 3.3mm，2#试样的正面焊缝余高约为 3.4mm。将背面余高磨平，进行纵向弯曲试验后（压头直径为 120mm，弯曲角度为 112°），发现 1#试样焊缝在弯曲后并没有出现裂纹，2#试样焊缝的表面出现了细微的横向裂纹，如图 4-18 所示。

a) 1#试样

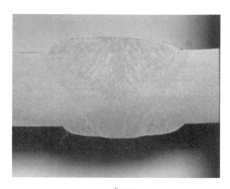
b) 2#试样

图 4-17 接头宏观金相

分别观察两个焊缝的金相组织，如图 4-19 所示，1#试样的焊缝组织主要为块状先共析铁素体以及针状铁素体和少部分的珠光体组织；2#试样焊缝组织主

a) 1#试样　　　　　　　　　　　　b) 2#试样

图 4-18　弯曲试验结果

要为长条形先共析铁素体和部分侧板条铁素体和珠光体组织。由图 4-19 可以看出 2#试样的先共析铁素体的尺寸和比例明显多于 1#焊缝的金相组织。由于先共析铁素体内部的位错密度较低,为低屈服强度的脆弱相,会降低焊缝金属的韧性,另外由于 2#试样焊缝的晶粒尺寸比 1#要大,因此细晶粒金属的塑性和韧性更好,同时针状铁素体是可以显著改善焊缝韧性的理想组织。针状铁素体比例的增加,有利于提高焊缝金属的韧性,相反,侧板条铁素体则会降低焊缝的韧性。同时 2#焊缝的金相组织中存在部分珠光体会提高焊缝的强度,降低焊缝的韧性,而珠光体组织只有在较慢的冷却速度情况下才会出现。

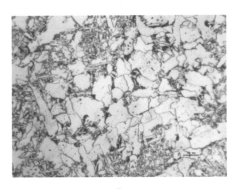 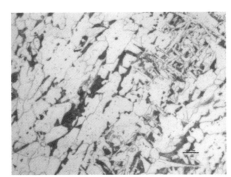

a) 1#试样　　　　　　　　　　　　b) 2#试样

图 4-19　焊缝微观组织（×500）

双丝埋弧焊的特点导致其焊缝组织相对于单丝埋弧焊组织晶粒粗大,焊缝组织中产生大量先共析铁素体、侧板条铁素体和少量珠光体,降低了焊缝塑性和韧性。同时双丝埋弧焊余高偏高,在相同的压头直径下,板厚越大,余高越高,焊缝表面所受的弯曲拉伸应力越大,开裂的风险也越高。

4.3.3 解决措施

预防双丝埋弧焊弯曲裂纹的产生，主要从降低弯曲拉伸应力、提高焊缝的塑性着手，具体可以采取以下措施。

1）从拼板弯曲加工的理论技术角度上分析，增大弯曲加工的压头直径，提高弯曲加工曲率，可减少或消除裂纹出现的概率。数据显示，对于28.5mm的板厚，压头直径由200mm增大到270mm，可以基本上消除裂纹的发生。

2）选用经过船级社认可的双丝埋弧焊焊接材料，改善焊缝组织性能，提高焊缝塑性和韧性，并在使用前模拟槽壁最大板厚及最大余高进行纵向弯曲试验。

3）控制焊缝受拉面的余高，如在背面通过碳弧气刨形成一个坡口，则既可以降低焊接热输入量达到同样的熔深，同时降低了焊缝余高，减小焊缝表面弯曲拉伸应力，缺点则是增加了碳弧气刨和打磨工作。

4）如果以上措施仍然不能解决槽形舱壁弯曲裂纹问题，则可以更改焊接方法，如采用单丝埋弧焊，降低焊接热输入量改善焊缝组织，同时降低余高。

4.4 铜污染裂纹

4.4.1 案例一

在完成某90mm厚EH36钢双丝埋弧焊工艺试验后，进行宏观金相检测时发现局部焊缝位置出现颜色较深，并有明显的多条裂纹，如图4-20a、b所示。裂纹出现在填充过程中的前后两道焊缝中及交界处，前道焊缝中裂纹沿柱状晶结晶方向扩展，如图4-20c所示，除了较明显的裂纹外，还伴随着大量的细微裂纹，无统一的方向，如图4-20d所示。后道与前道焊缝交界处基本呈现整体开裂状态，同时裂纹自交界处向前后道焊缝结晶方向扩展。

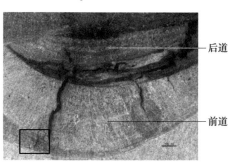

a) 宏观金相 b) B处裂纹，×25

图4-20 焊道布置及前道焊缝中裂纹

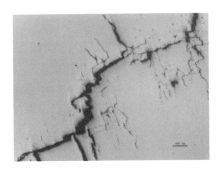

c) A处裂纹，×100　　　　　　　　d) 抛光后裂纹，×25

图 4-20　焊道布置及前道焊缝中裂纹（续）

4.4.2　案例二

在进行 60mm 厚 EH40 钢的单丝埋弧焊后，发现终端焊缝表面存在肉眼可见裂纹，如图 4-21a 所示，裂纹纵、横向均存在，且数量较多，往下打磨一定深度后，仍然可看到焊缝内裂纹杂乱无章，如图 4-21b 所示。裂纹位置截取横向截面做宏观金相观察，发现焊缝表面和内部均存在颜色较深的位置，如图 4-22a 所示。而对表面裂纹位置进行微观组织检查，发现裂纹周边存在亮白色组织。对亮白色组织位置进行化学成分检测，发现 $w_{Cu} \approx 8\%$，如图 4-23 所示。

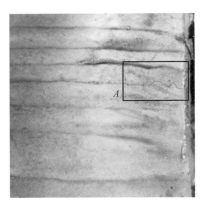

a) 表面裂纹　　　　　　　　b) A放大打磨后裂纹

图 4-21　焊缝表面及内部裂纹

4.4.3　原因分析及预防

上述两个案例都是埋弧焊在操作过程中，铜质导电嘴接触到母材或熔池而

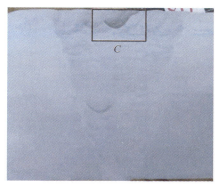
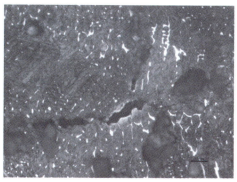

a) 焊缝横截面　　　　　　　　b) C放大微观组织，×50

图 4-22　焊缝宏观及微观组织

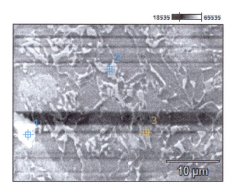

质量分数(%)	C-K	O-K	Fe-K	Cu-K
pt1	6.32	3.16	82.05	8.47
pt2	2.96	0.94	88.63	7.47
pt3	1.72	0.64	89.77	7.87

图 4-23　能谱化学成分分析

导电生热熔化进入到熔池。由于铜的熔点较低（约 1085℃），铁的熔点较高（约 1538℃），焊缝金属凝固时，铜最后凝固而富集在晶界，沿着先共析铁素体的边界而呈条状或多边形分布，在凝固后期受到焊接应力的作用，含有 Cu 元素的液态薄膜晶界被拉开而形成裂纹，属于典型的热裂纹。

对于这种裂纹的预防，主要是在操作过程中避免导电嘴与母材或熔池接触。坡口角度过小、坡口面不平整且直线度较差、干伸长过短而焊接速度过慢都可能会导致导电嘴熔化渗入焊缝中。对于串联式双丝埋弧焊，两根焊丝之间的距离需设置合理，一般对于共熔池，间距约为 25mm，且导电杆应紧固避免焊接过程中，两导电嘴由于行进拖拉力而触碰导电熔化。同时关注导电杆、导电嘴的耐磨能力以及焊丝表面镀铜质量，导电嘴耐磨性差易磨损产生铜屑，焊丝表面镀铜质量差容易在导电杆、送丝管内滑擦聚集铜屑，铜屑在焊接过程中进入熔池也有可能会引发裂纹。

4.5 T形接头双丝埋弧焊横向裂纹

4.5.1 裂纹特征

某船舶组合T型材结构腹板为18mm厚AH420和面板材质为20mm厚DH420，并设计为全熔透焊接接头。由于一侧局部有结构阻挡，采用气体保护焊角焊小车进行焊接，另外一侧（坡口侧）计划采用双丝埋弧焊一道焊接完成，坡口尺寸如图4-24所示。双丝埋弧焊焊接材料采用国内某厂的焊丝H08Mn2E及焊剂SJ102，两根焊丝直径皆为4.0mm。对母材及焊缝化学成分进行检测，结果见表4-8。焊接时前丝电流电压为1000A/36V，后丝电流电压为650A/40V，

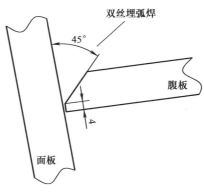

图4-24 坡口尺寸

焊接速度50cm/min。在试板焊接完成后进行UT检测时，发现双丝埋弧焊缝内存在横向缺陷信号显示，如图4-25所示。

表4-8 母材及焊缝金属化学成分（质量分数） （%）

名称	C	Si	Mn	P	S	Als	Ni	Cr	Cu	Nb	V	Ti	Mo	B	Ceq
AH420	0.17	0.27	1.3	0.017	0.013	0.023	0.012	0.045	0.011	0.016	0.078	0.003	0.004	0.0003	0.41
DH420	0.091	0.18	1.46	0.04	0.0065	0.034	0.014	0.21	0.12	0.036	0.002	0.014	0.01	0.0003	0.39
焊缝	0.1	0.22	1.51	0.038	0.0067	0.015	0.1	0.096	0.06	0.019	0.022	0.016	0.006	0.0003	0.39

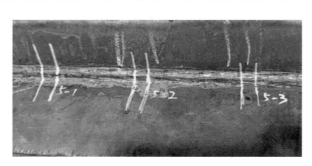

图4-25 横向缺陷显示位置

对缺陷位置进行横向焊缝金相检测，在横向宏观金相上发现2条裂纹，分别沿着焊缝中心两侧柱状晶结晶方向分布，2条裂纹已经贯通，如图4-26a所

示。沿着横向宏观金相试样截取纵向剖面，如图4-26b所示，裂纹与焊缝轴向方向呈约50°倾斜。对图4-26横截面和纵向截面的裂纹进行微观组织分析，如图4-27、图4-28所示，裂纹主要沿着先共析铁素体开裂和扩展，局部位置存在穿过柱状晶内部的情况。对图4-26b裂纹采用机械方式断开，并对断口进行电镜扫描，如图4-29所示。断口裂纹区域基本上无韧窝，平坦光滑，如图4-29b、c所示；裂纹与机械破断面交界区域可看到，存在晶界开裂（表面光滑呈冰糖状）和韧窝断裂交错存在的情况，如图4-29d、e所示；而机械破断面是典型的拉伸断裂面，虽然存在韧窝，但较为细浅，韧窝内存在较多夹杂物，如图4-29f所示。对裂纹面进行能谱分析，O含量偏高，Mn含量偏低，见表4-9。

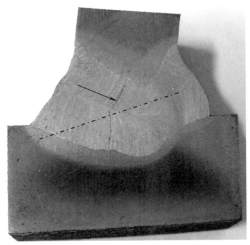

a) 焊缝横截面

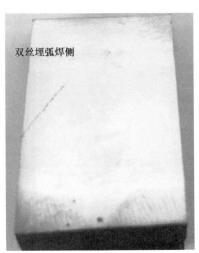

b) 焊缝纵向截面

图 4-26　焊缝宏观及微观组织

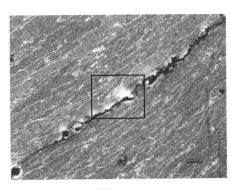

a) 裂纹，×500

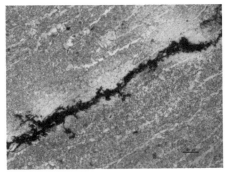

b) 裂纹，×200

图 4-27　裂纹横向位置微观组织

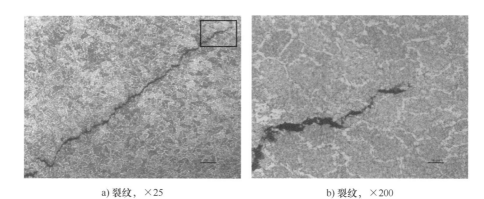

a) 裂纹，×25　　　　　　　　b) 裂纹，×200

图 4-28　裂纹纵向位置微观组织

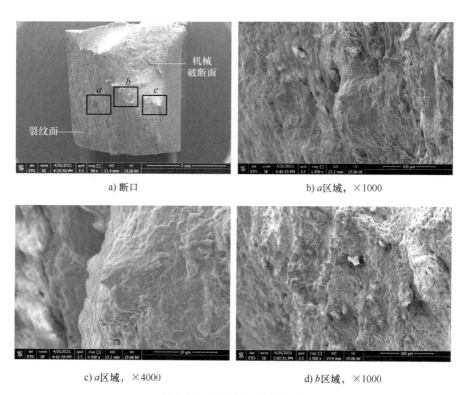

a) 断口　　　　　　　　b) a 区域，×1000

c) a 区域，×4000　　　　　　　　d) b 区域，×1000

图 4-29　裂纹断口电镜扫描

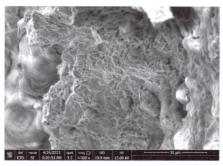 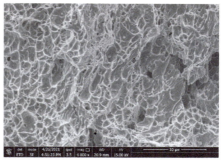

e) b 区域，×4000　　　　　　　　　　　f) c 区域，×4000

图 4-29　裂纹断口电镜扫描（续）

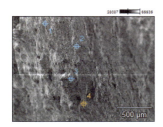

表 4-9　裂纹面能谱分析（质量分数）　　　　（%）

位置	C	O	Si	S	Cr	Mn	Fe	Ni	Mo
pt1	6.31	11.37	1.42	0.09	3.65	0.00	76.45	0.71	0.00
pt2	7.40	15.39	1.11	0.00	1.27	2.05	72.79	0.00	0.00
pt3	12.25	17.89	2.88	0.00	0.00	0.00	62.88	4.10	0.00
pt4	6.66	22.45	2.60	4.81	0.00	0.00	61.36	0.00	2.12

4.5.2　原因分析及预防措施

本项目未深入研究，只能做初步分析。母材属于较高强度级别钢，从化学成分上看，腹板的碳含量也较高，双丝埋弧焊焊接后，母材稀释率大，淬硬元素溶入至焊缝，一定程度上提高了焊缝的强度，降低了焊缝的塑性，同时也导致焊缝的残余应力较高。大热输入焊接工艺对于焊接材料的成分设计要求较多，不能简单地将现有等级匹配的单丝埋弧焊焊接材料当作双丝埋弧焊用，尤其需要考虑母材成分的影响，通过调整埋弧焊焊接材料的淬硬元素来达到最终焊缝的合理元素成分。因此，解决方案是更换了埋弧焊剂，将原来的 102 焊剂换成了 105 焊剂。从焊剂的变化可以看出，控制裂纹的措施之一是进一步降低焊缝中的氧含量及扩散氢含量。

4.6　单道多丝埋弧焊横向裂纹

4.6.1　裂纹特征

由某船舶建造厂焊接的一件试样，在采用 UT 进行纵横向缺陷检测时，发现多处位置存在横向缺陷，而纵向缺陷检测无任何缺陷信号。试样材质为 AH36 钢，厚度为 24mm，采用三丝埋弧焊一道焊接而成。对出现缺陷的位置进行横向焊缝和纵向焊缝宏观金相及微观组织观察（见图 4-30），发现横向焊缝宏观金相位于厚度中心位置附近有沿着柱状晶结晶方向的裂纹。纵向焊缝宏观金相上同样存在裂纹，裂纹与焊缝轴线方向呈约 50°，裂纹上下端点距焊缝表面高度相当。在宏观金相上裂纹非常微小，需要细致观察才能发现。从微观金相上观察，无论是裂纹横截面还是纵截面，裂纹基本上沿着先共析铁素体晶界分布及扩展，如图 4-31 所示。焊缝组织也主要由针状铁素体与先共析铁素体组成，属于正常的埋弧焊缝组织。

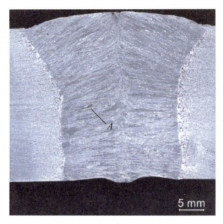

a) 横向宏观金相

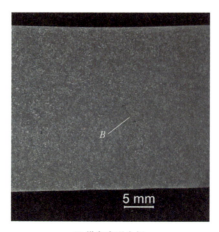

b) 纵向宏观金相

图 4-30　裂纹横向及纵向宏观金相组织

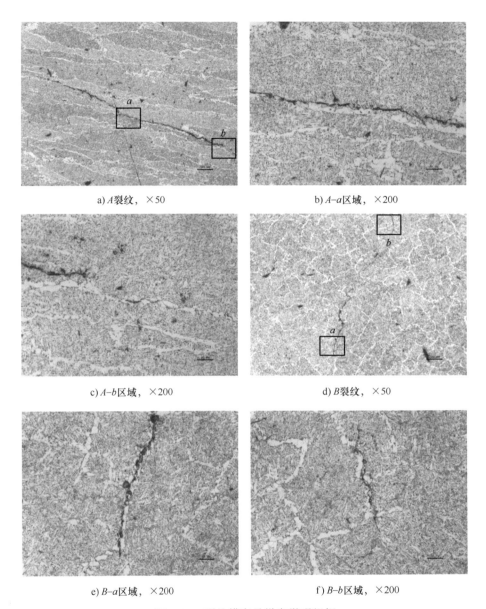

a) A裂纹，×50
b) A-a区域，×200
c) A-b区域，×200
d) B裂纹，×50
e) B-a区域，×200
f) B-b区域，×200

图 4-31 裂纹横向及纵向微观组织

4.6.2 原因分析及预防措施

对接头焊缝两组试样进行化学成分检测，结果见表 4-10，并无异常。对试板接头进行焊缝金属纵向拉伸及焊缝中心冲击试验，结果见表 4-11。拉伸试验伸长率非常低，其中 1# 试样未发生屈服随即断裂，2# 发现断口有白点；低温冲击韧度虽然可以满足标准要求，但也处于较低位置。对焊缝进行 HV10 硬度检测，焊缝最大值为 200HV10，属于正常范围。进行 4 倍接头侧向弯曲试验，未发现受拉面有开裂情况。

采用 Zeiss Sigma300 型场发射扫描电镜下对 1# 试样拉伸断口进行观察。图 4-32 是拉伸断口试样裂纹启裂部位的图片，启裂区位于拉伸样圆弧过渡段与平行段交接处（车削刀痕处维持原来的形状），没有明显塑性变形，表明是低应力脆性断裂。在启裂区可以发现很多细小的裂纹，界面平直，很少见到韧窝，呈准解理特征，如图 4-33 所示。图 4-34a 是在断口上随处可见的解理区和撕裂岭混合的形貌，其中解理区均存在细小裂纹，且方向任意（见图 4-34b、c），与拉伸应力方向没有关系，应该是拉伸前就已存在的。

表 4-10　焊缝金属化学成分（质量分数）　　　　　　　　（%）

名称	C	Si	Mn	P	S	Als	Ni	Cr	Cu	Nb	V	Ti	Mo	B	Ceq
焊缝 1	0.079	0.16	1.46	0.026	0.0047	0.011	0.009	0.028	0.03	0.025	0.007	0.011	0.086	0.0013	0.35
焊缝 2	0.078	0.16	1.42	0.026	0.0043	0.011	0.01	0.028	0.033	0.024	0.007	0.01	0.10	0.002	0.34

表 4-11　试板接头力学性能

试样编号	焊缝金属纵向圆棒拉伸试验			焊缝中心冲击试验	
	屈服强度/MPa	抗拉强度/MPa	伸长率（%）	冲击吸收能量平均值/J（-20℃）	
1#	0	481	2.5	Cap WM	54、60、40
2#	521	585	14	Root WM	50、76、70

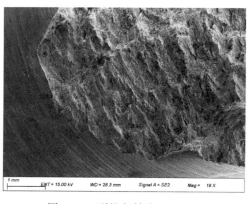

图 4-32　裂纹起始点（×18）

图 4-33　裂纹启裂区（×500）

a) 解理区和撕裂岭，×40

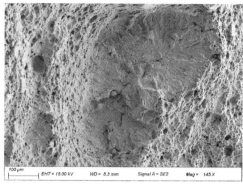

b) a区放大图，×145

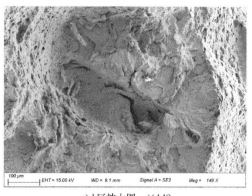

c) b区放大图，×149

图 4-34　解理区和撕裂岭

综上所述，伸长率明显下降是由于焊缝中心存在微裂纹，而微裂纹的产生原因主要是扩散氢以及纵向残余应力的作用。据船厂方反馈，虽然在进行薄板（14mm）试验时，未发现裂纹，但焊缝纵向圆棒拉伸试验伸长率同样较低，且断口也存在氢白点。薄板未产生裂纹与其纵向残余应力相对较低有关，而氢白点的存在验证了扩散氢的含量较高。

降低扩散氢的含量是预防横向裂纹的关键，对于三丝埋弧焊单道焊工艺，热输入大，外来水分的影响较小，主要是去除埋弧焊焊剂原料中的结晶水。后续船厂将此情况反馈给焊剂制造厂，通过原材料的控制及煅烧温度、时间的控制，成功解决了横向裂纹问题，伸长率也满足标准要求。

第5章 FCAW对接焊缝裂纹案例

5.1 FCAW 对接焊工艺

FCAW 是药芯焊丝气体保护焊，保护气体以 CO_2 气体为主，部分超高强度钢或特殊钢材采用混合气体。FCAW 在船舶行业船体及舾装件焊接应用最为广泛，可以采用手工进行操作，也可以搭载各种简易焊接小车、专用设备以及机器人等进行自动化焊接。

船舶对接焊缝大部分采用背面贴陶瓷衬垫、单面焊双面成形的工艺。装配时留 4~16mm 的根部间隙 b，坡口角度 α 根据板厚而定，一般为 35°~45°，背面采用陶瓷衬垫进行打底焊接，形成根部焊缝，装配细节如图 5-1 所示。根部打底平对接、立对接焊缝一般为单层单道焊，如果根部间隙超过 16mm，则进行单侧堆焊，使其达到一定间隙以内后再进行打底焊接，后续进行填充、盖面多层多道焊接；横对接时，根据打底焊缝根部间隙而定，7mm 以内一般焊接 1 道，超过 7mm 则焊接 2 道或以上。少部分厚板或 T 形接头全熔透焊缝采用双面焊接方式。对接焊缝裂纹常出现在平对接根部打底焊缝表面或横对接打底最后一道焊缝表面，尤其是在拘束度较大的总组、搭载阶段，裂纹出现的概率更高，属于现场施工中较为常见的一种裂纹，如图 5-2 所示。

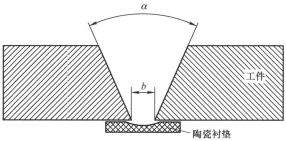

图 5-1 平对接装配图

第 5 章　FCAW 对接焊缝裂纹案例

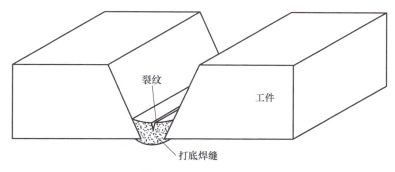

图 5-2　对接根部裂纹

5.2　平对接根部裂纹

5.2.1　裂纹特征

（1）外观特征　船体结构平对接采用 FCAW 工艺的应用位置见第 1 章图 1-1 及表 1-1，裂纹常出现在背面贴陶瓷衬垫的打底焊缝正表面，呈纵向分布且长短不一，位于焊缝中心，如图 5-3 所示。较明显的裂纹肉眼可见，部分需要借助于 MT 或 PT 检测才能发现，打底焊缝背面一般观察不到裂纹显示痕迹。裂纹深度不一，图 5-4 为某个截面的纵向裂纹，深度约 5mm，截取一段 25mm 长度拉断观察纵向截面，可以看到即使是在同一条焊缝的连续裂纹，裂纹深度也不尽相同，如图 5-5 所示。

图 5-3　平对接打底焊缝纵向裂纹（E，60mm）

65

图 5-4　平对接打底焊缝纵向裂纹（Q420C，30mm）

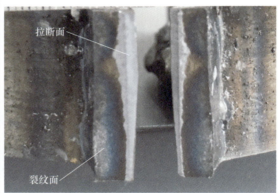

图 5-5　裂纹纵向截面（Q420C，30mm）

通过裂纹断口观察，原裂纹断口部分表面平整，氧化色明显，外力拉断面则呈现金属光泽。图 5-4 所示的焊缝横截面宏观金相显示，裂纹越接近表面，宽度尺寸越大，可以看出裂纹开始位置应为焊缝正表面，并向内部延伸。

（2）横截面组织特征　为了在试验室条件下模拟现场施工的约束条件，采用改进型的"巴顿"试验装置进行焊接，如图 5-6 所示，试验板为 AH36，刚性固定板为 EH36，焊接电流 250A，电弧电压 30V。

焊接后发现存在不同程度的表面裂纹，截取两处进行宏观及微观组织分析，如图 5-7 所示。两处裂纹深度分别为 3mm、1mm，如图 5-8 所示。裂纹均位于两侧柱状晶的交汇处,即焊缝中心最后冷却的位置;从组织上看,焊缝中心部位柱状晶相对较小,部分裂纹沿着先共析铁素体开裂,如图5-8b所示;也有部分裂纹并非沿先共析铁素体晶界开裂,而是穿过了先共析铁素体,将原奥氏体晶胞切开成两部分,如图5-7d及图5-8d所示。

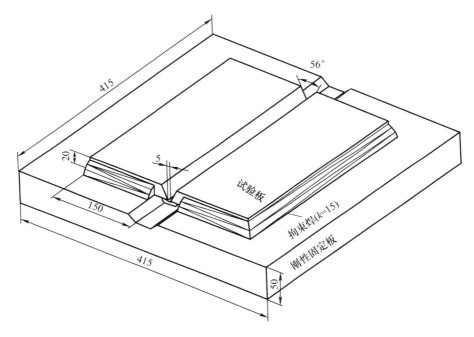

图 5-6 改进型"巴顿"试验装置

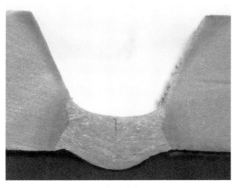 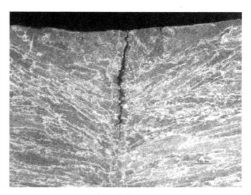

a) 宏观金相   b) 微观金相,×25

图 5-7 深 3mm 裂纹宏观及微观金相(AH36,20mm)

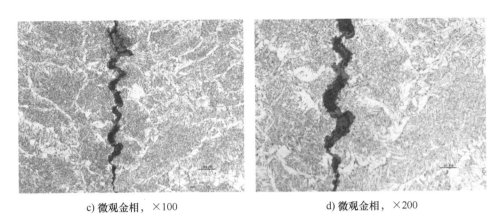

c) 微观金相，×100   d) 微观金相，×200

图 5-7 深 3mm 裂纹宏观及微观金相（AH36，20mm）（续）

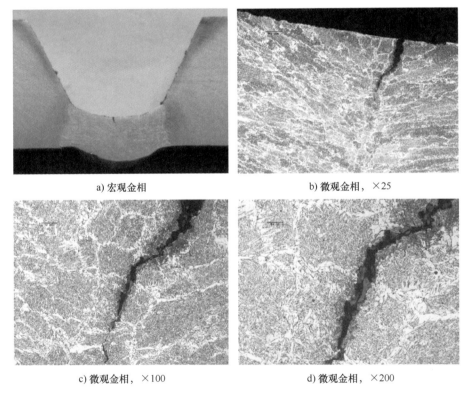

a) 宏观金相   b) 微观金相，×25

c) 微观金相，×100   d) 微观金相，×200

图 5-8 深 1mm 裂纹宏观及微观金相（AH36，20mm）

（3）纵向截面组织特征 图 5-5 所示试样的裂纹纵向截面未经表面处理进行电镜扫描检测，如图 5-9 所示，箭头 B 指向的是裂纹断口面，整体凹凸不平，但晶粒表面非常光滑，箭头 A 指向的则是高温下形成的 Fe 的氧化物。

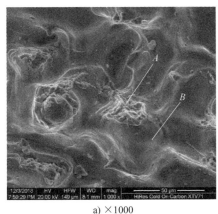 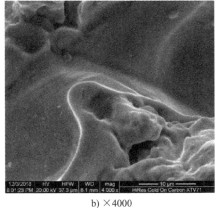

a) ×1000　　　　　　　　　　b) ×4000

图 5-9　裂纹纵向截面电镜扫描图

5.2.2　裂纹类型

从裂纹产生的时机上看，此类裂纹在打底焊接后立即敲开药渣即可看到。在拘束应力较大的阶段，如坞内搭载，如果未进行第二道填充焊接，随着时间的推移，肉眼观察到的根部正面的裂纹会越来越多，越来越明显，如果只是自由拼板阶段，则形态和数量不会发生改变。

裂纹纵向表面具有明显的氧化色，应属于在高温阶段形成，裂纹断裂表面经过电镜扫描呈现光滑的"蛋箱"形，为典型的沿晶开裂，且位于焊缝中心，可以确认为热裂纹类型中的结晶裂纹。

5.2.3　原因分析

采用 FCAW 方法进行带陶瓷衬垫平对接打底焊接时容易产生结晶裂纹，主要原因是焊缝中心的低熔点夹杂物形成"液膜"，以及较强收缩产生的拉伸应力。"液膜"的存在削弱了晶界结合的强度，导致晶间塑性降低，因此，"液膜"中的低熔点共晶物数量的多少及分布连续性则是重要的评估因素；FCAW 应用在平对接打底焊接时，一般均有装配间隙，且装配间隙的存在为接头的横向收缩提供了空间，同时，间隙的存在必然需要进行外部约束以保证工件精度，且随着装配间隙的增加，热输入随之增加，三者均会提高焊缝受到的拉伸应力。

陶瓷衬垫为低熔点夹杂物的聚集提供了便利条件，因陶瓷衬垫热导率小，焊缝中心 Z 轴方向上温差较小，焊缝冷却结晶时由焊缝两侧熔合线向中心"齐头并进"，将低熔点夹杂物排挤到焊缝中心，且沿着焊缝中心厚度方向连续性地分布；而如果采用钢衬垫，则结晶方向由两侧、衬垫向焊缝表面进行，熔池的夹杂物容易排挤到表面，因此大大降低了裂纹产生的内部因素，两种衬垫的结晶方向对比如图 5-10 所示。

成形系数（B/h）较小、焊接速度较快的焊缝容易产生裂纹，同样造成低熔点夹杂物的广度及连续性，如图 5-10 所示。低熔点夹杂物的数量则主要与药芯焊丝本身的成分特点有关，C、P、S、B 元素由于易促进或形成低熔点夹杂物，或扩大脆性温度区间，为焊丝主要的控制元素，目前常用元素来评估焊缝热裂纹敏感性，计算公式主要有热裂纹敏感系数（HCS）和日本 JWS 的临界应变增长率（CST），HCS 越小或 CST 越高，则从化学成分的角度上对比，焊缝抗裂性越好，公式分别为

$$\text{HCS} = \frac{C \times (S + P + \frac{Si}{25} + \frac{Ni}{100})}{3Mn + Cr + Mo + V} \times 10^3 \quad (5-1)$$

$$\text{CST} = (-19.2C - 97.2S - 0.8Cu - 1.0Ni + 3.9Mn + 65.7Nb - 618.5B + 7.0) \times 10^{-4} \quad (5-2)$$

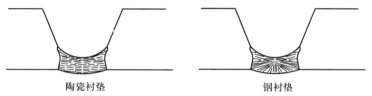

图 5-10　不同衬垫结晶方向对比

焊缝冷却收缩产生的拉伸应力及其应变速率与焊接参数，如焊接电流、电弧电压、焊接速度、坡口状态、焊道的轮廓及布道方式，以及外部的约束度均有一定的关系。理论上分析，焊接电流、电弧电压增加、焊接速度降低会提高总体热输入，从而增加收缩时的拉伸应力，但随着焊接速度的降低，低熔点夹杂物的偏析、聚集程度会大大降低，从而提高了抵抗中心开裂的能力。坡口的状态会影响焊道的轮廓，如坡口较小、间隙较小，会导致焊道宽度变窄、深度增加，从而造成中心夹杂物聚集成连续性的"液膜"，增加开裂风险，如图 5-11a 所示；背面贴陶瓷衬垫的平对接，间隙的增加会引起热输入的增加，横向收缩加剧，如果受到外部拘束不能进行收缩，则拉伸应力会显著提高。另据研究表明，下凹的焊道容易产生裂纹，因其会产生比凸起焊缝更大的拘束度，如图 5-11b 所示。外部拘束度的增加会阻碍焊缝的横向收缩，从而增加收缩产生的拉伸应力，对于实际船舶焊接过程，这种外部拘束度的影响难以控制，从而成为裂纹产生的不可控因素。

5.2.4　影响因素

为了对平对接根部裂纹的影响因素进行综合分析，按图 5-12 所示制作了一个试验装置。试验装置的约束条件为试板两端各焊满长 300mm，剩余长度采用 5 根扁铁正面等距离固定。将每个等距离的接头按从大间隙到小间隙、由一端向另外

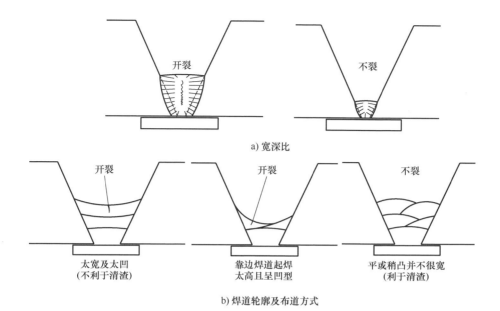

图 5-11 焊道形状对裂纹产生的影响

一端依次编号 1#~18#,并按此顺序进行焊接,试验焊接参数见表 5-1。1#~9#、13#~18#为采用同一种常用氧化钛型药芯焊丝(AWS E71T-1C),但为两种不同品牌;10#~12#为含铁粉型专用于高速平角焊的药芯焊丝(AWS E70T-1C),试板材质为 Q420C,交货状态为 TMCP。焊接方式为手工操作,保护气体为 CO_2 气体。

焊接完成后,统计表面裂纹情况(引熄弧位置裂纹不计)以及按图 5-13 测量根部焊道的几何尺寸,数据见表 5-2,出现裂纹的焊缝横截面宏观金相如图 5-14 所示。

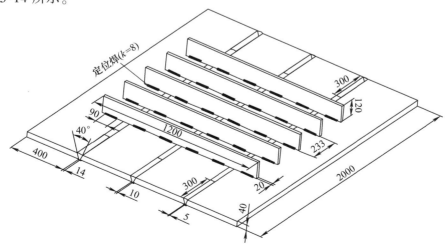

图 5-12 试验装置图

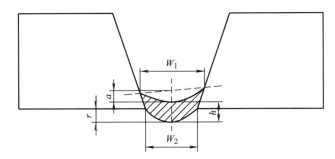

图 5-13 焊道几何尺寸测量图

表 5-1 试验焊接参数

编号	焊丝	焊接电流/A	电弧电压/V	焊接速度/(cm/min)	间隙/mm	热输入/(kJ/cm)
1#	A	180	23	8.6	14	28.8
2#				11.2	10	22.1
3#				18.6	5	13.4
4#		220	25	10.1	14	32.7
5#				11.6	10	28.5
6#				21.3	5	15.5
7#		260	31	12.6	14	38.2
8#				12.5	10	38.8
9#				22.4	5	21.6
10#	C	260	38	9.5	14	62.3
11#				10.0	10	59.3
12#				17.3	5	34.4
13#	B	240	32	11.1	14	41.7
14#				12.6	10	36.7
15#				19.4	5	23.7
16#		220	31	10.4	14	39.2
17#				12.6	10	32.4
18#				17.9	5	22.8

表 5-2 焊接裂纹统计情况

编号	焊缝长度/mm	裂纹长度/mm	裂纹率（%）	a/mm	W_1/mm	W_2/mm	h/mm	r/mm
1#	230	0	—	0.5	17	17	5.5	1
2#	230	0	—	1.2	15	16	5	1
3#	220	0	—	1	8	12	4	0.5
4#	215	0	—	1.6	18	19.5	4.5	1.5
5#	220	0	—	1.6	17	18	5.5	1
6#	220	0	—	1.5	9	12	5	1.5
7#	215	10+10+3	10.70	2.9	18	21	6	1.5
8#	220	8+2+4	6.36	3	18	21	5	1
9#	220	8+21+3	14.55	1.5	9.5	13	6	1.5
10#	230	0	—	2.7	20	22	6	3
11#	230	0	—	3.4	17	18	5.5	1
12#	230	18+10	12.17	2.4	11	15	6.5	1
13#	210	0	—	3.1	18	21	5	1
14#	220	0	—	3.5	16.5	20	5	2.5
15#	230	4+15+9	12.17	2.6	11	15	6	2
16#	200	5	2.50	3	17.5	21	5.5	1.5
17#	200	0	—	2.7	15	19	6	2
18#	200	9	4.50	1.4	9.5	15	6.5	1.5

（1）焊接参数的影响　焊接参数即焊接电流、电弧电压、焊接速度的影响，从 1#~9#试验的结果上看，焊接电流的影响非常明显。焊接电流增大到一定程度后，裂纹开始出现。焊接电流增加，电弧电压会随之增加与其相匹配，在同一装配间隙情况下，焊接速度会有相应增加，综合产生的结果是焊接热输入增加，如图 5-15 所示，相应收缩应力的整体升高，最终表现在拘束力的增大。因此，在同等情况下，热输入越大，裂纹产生概率越大；另外，热输入增加对于焊缝微观组织的影响，选择 6#和 9#的根部焊缝微观组织观察，9#焊缝组织先共析铁素体边界清晰明显且较为粗短，对于裂纹的产生及扩展是更为不利的一种组织，如图 5-16 所示。

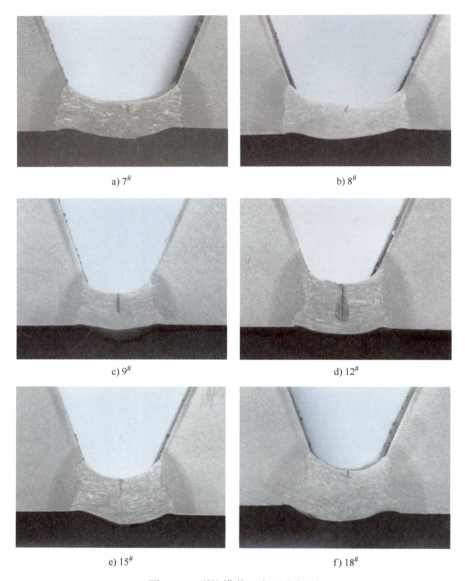

图 5-14 裂纹横截面宏观金相图

根据相关研究结果,过凹的焊缝容易产生裂纹,而本次试验中同一种焊丝在焊接电流、电弧电压增大时,相应的凹度 a 也在增加,印证了凹度增加,同等情况下产生裂纹的概率会随之增加。但对于凹度的影响主要是电弧电压,同等焊接电流情况下,电弧电压越高,凹度越大,如图 5-17 所示。

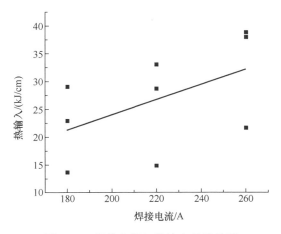

图 5-15 焊接电流与热输入量的关系

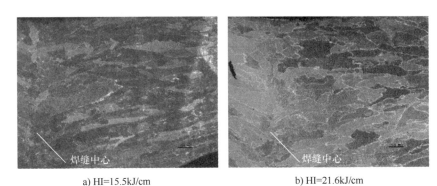

a) HI=15.5kJ/cm　　　　　　　b) HI=21.6kJ/cm

图 5-16 热输入与对应微观组织（×25）

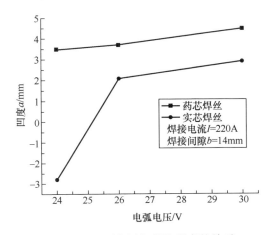

图 5-17 电弧电压与焊缝凹度的关系

焊接速度的影响之前已经讨论，主要是影响焊缝结晶方向以及提高应变速率，如图5-18所示为三种速度下的焊缝中心组织状态，从中可看出，焊接速度越快，焊缝结晶指向中心越明显，且呈现整体从两侧向中间结晶的方式，这种方式最容易造成中心夹杂物的聚集，从而提高了产生裂纹的概率。

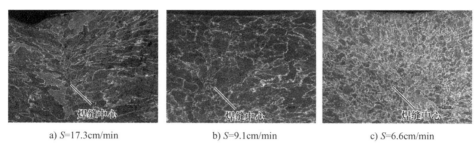

a) S=17.3cm/min   b) S=9.1cm/min   c) S=6.6cm/min

图 5-18　焊接速度与对应结晶方向（×25）

（2）装配间隙的影响　装配间隙的影响在本次试验中得到充分证实，装配间隙越小，裂纹产生概率越高。间隙减小，会引起焊接参数方面的变化，即同等焊接电流、电弧电压的情况下，焊接速度显著提高；另外间隙减小影响焊道外形的变化，即焊缝宽度 W_1 与焊缝厚度 h 的比值，如图5-19所示，装配间隙越小，宽深比越小。据此分析，装配间隙越小，产生裂纹的风险越高，虽然随着装配间隙的减小，热输入减小，但焊接速度的提高以及宽深比的降低占据了主导因素。当装配间隙增大到一定程度后，如果焊接电流偏高，裂纹也会逐渐增加，这主要与热输入增加有较大关系，这种裂纹深度较浅，且垂直度相对不高，从焊缝表面看直线度较差且较短，与小间隙情况下产生的裂纹有较大区别，

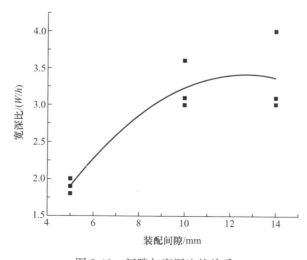

图 5-19　间隙与宽深比的关系

如图 5-20 所示。对于坡口角度，则会产生同样的结果，坡口越小，宽深比越小，产生凝固裂纹的风险也就越高。

a) 7#，b=14mm

b) 9#，b=5mm

图 5-20 间隙与裂纹形态

（3）焊接材料的影响　对比本次试验的 3 种品牌药芯焊丝，在同等工艺条件下，B 焊丝具有更好的抗裂性，A、C 依序次之。药芯焊丝品牌不同，熔敷金属的成分不同，截取几个试样从衬垫面焊缝中心（去除余高）进行化学成分检测，见表 5-3。从 HCS 和 CST 两个热裂纹敏感性评价指标看，同一型号 A 品牌焊丝相对于 C 品牌焊丝具有相对较好的抗裂性，同时同一品牌焊丝对于焊接电流的增加，成分偏差较小。但不同型号 B 焊丝对应的 10# 试验又是例外，HCS 和 CST 值显示抗裂性指标较高，但实际结果无裂纹；另外，实芯焊丝在工程实践上具有更好的抗裂性，但采用 C 焊丝以及其生产厂制造的相应级别实芯焊丝进行成分对比，见表 5-4，发现也无对应的关系，因此对于不同型号的焊丝，其 HCS 和 CST 值并不能直接印证抗裂性的高低。

表 5-3　药芯焊丝焊缝金属化学成分（质量分数）　　　　（%）

编号	C	S	P	Si	Ni	Mn	Cr	Mo	V	B	Cu	Nb	备注 HCS	备注 CST
1#	0.031	0.005	0.011	0.54	0.03	1.03	0.062	0.009	0.016	0.0015	0.011	0.013	0.37	3.82E-04
4#	0.031	0.006	0.012	0.58	0.035	1	0.07	0.009	0.016	0.0014	0.01	0.012	0.42	3.60E-04
7#	0.034	0.004	0.011	0.53	0.05	0.98	0.082	0.009	0.018	0.0013	0.014	0.013	0.41	3.77E-04

(续)

编号	C	S	P	Si	Ni	Mn	Cr	Mo	V	B	Cu	Nb	备注 HCS	备注 CST
10#	0.04	0.003	0.014	0.4	0.055	0.82	0.072	0.007	0.016	0.001	0.017	0.01	0.53	3.11E-04
13#	0.038	0.006	0.015	0.52	0.053	0.79	0.068	0.007	0.016	0.0008	0.024	0.013	0.65	3.06E-04
16#	0.039	0.005	0.013	0.44	0.053	0.88	0.07	0.007	0.017	0.0008	0.025	0.014	0.52	3.55E-04

表 5-4 焊缝金属化学成分（质量分数）　　　　　（%）

编号	C	S	P	Si	Ni	Mn	Cr	Mo	V	B	Cu	Nb	备注 HCS	备注 CST
药芯	0.064	0.006	0.017	0.66	0.01	0.94	0.03	0.005	0.015	0.0009	0.018	0.01	1.104	2.93E-04
实芯	0.081	0.004	0.016	0.66	0.011	1.08	0.038	0.006	0.005	0.0006	0.066	0.005	1.145	3.16E-04

5.2.5 预防措施

船舶行业在防止陶瓷衬垫平对接 FCAW 打底裂纹已有比较成熟的经验，主要是从坡口制备、组装、焊接参数及焊接材料等方面着手，其他方面只能做局部改善，如钢板成分、外在拘束度。生产过程中发现产生此类裂纹后，由于不能确认裂纹的深度，因此，试图通过填充焊大电流进行熔化的方式并不能确保所有裂纹消除，最彻底的方式是打磨或碳弧气刨清除裂纹后，通过 MT 或 PT 检测方式确认无裂纹后再进行填充盖面焊接。

（1）坡口制备及装备　坡口制备及装备方面，重点在于防止宽深比过小，因此应控制装配间隙不宜过小或过大，坡口角度不宜过小，如果过大，虽然有利于提高抗裂性，但增加了焊接填充量，增加了制造成本。一般最佳间隙控制在 6~10mm，最低不超过 4mm，最大不超过 14mm，坡口角度在 35°~50°之间，当然装配间隙和角度存在关联性，如果坡口角度偏小，可以通过适当增大装配间隙来弥补，对于厚板尤其需要这种组合来减小焊接填充量，减小角变形。

（2）焊接参数　控制焊接参数是现场实际操作过程中最主要的措施，尤其是控制焊接电流，因为焊接速度缺乏可监控性，实际控制较为困难。由于实际焊接速度与焊接电流具有直接关系，所以对于相同坡口及组对间隙的接头，控制焊接电流即控制了焊接速度。目前，不同的船厂对于焊接电流的控制值略有所不同，一般要求控制在 200A 以内。

（3）焊接材料的选择　根据目前的工程实践，实芯焊丝（AWS A5.18 ER70S-G）或金属粉芯焊丝（AWS A5.18 E70C-G）的抗裂性高于药芯焊丝，药芯焊丝中含铁粉的横角焊（或平对接、横对接）专用药芯焊丝（AWS A5.20 E70T-1C）

的抗裂性高于全位置的氧化钛型药芯焊丝（AWS A5.20 E71T-1C）。从材料成本上考虑，实芯焊丝成本最低、抗裂性最好，但操作性能较差、焊接效率低；含铁粉药芯焊丝成本最高，但具备较好的使用性能，抗裂性较好；氧化钛型药芯焊丝价格适中，综合性能较好，也是目前各船厂使用最普遍的，但各品牌或各种配方在抗裂性方面存在较大差异，选用时需充分对比。氧化钛型药芯焊丝不同的生产厂在抗裂性方面会存在一定的差异，可以采用 HCS 和 CST 进行初步横向对比评价，每种焊丝可以采用改进型的"巴顿"试验装置进行不同焊接参数的试验，得出其相应的焊接参数控制值。当然，改进型的"巴顿"试验装置的拘束度并不适用船舶制造过程中的所有情况，得出的焊接参数只能作为参考，最终以现场实际应用和经验值为准。根据日本神户制钢提供的资料表明，其氧化钛型药芯焊丝 DW-100 及实芯焊丝 MG-50T 的焊接参数控制值如图 5-21 所示。

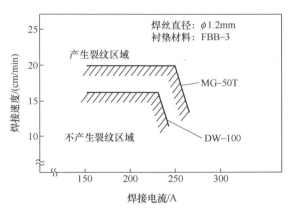

图 5-21　焊接参数与裂纹的关系

（4）钢板成分　现有的船用钢板在 C、P、S 等有害成分方面控制比较严格，不同钢厂之间差异较小。根据船厂实际经验显示，裂纹可以发生在不同钢厂生产、不同材质和不同交货状态的钢板，因此，对于钢板成分控制并不具备可控性，但可针对每个批次的钢板进行入厂化学成分复验。

（5）外在拘束度　外在拘束度与钢板的厚度、装配码板的密集程度以及建造的阶段有关。钢板厚度增加，冷却速度增加，结构刚度增加；码板越密集，拘束度越大；片体拼板阶段，外在拘束较小，但在船坞搭载阶段，整体分段的重量造成任何拼板缝都存在较大的外在拘束度。钢板厚度以及建造阶段的拘束不可避免，只能通过预热方式减小收缩应变速率，从而提高焊缝抗裂性。码板装配距离一般为 300mm 以上，现场装配时由于板变形需要装配码板密集时，同样采用预热方式处理。但应该注意到，通过预热的方式只能局部降低拘束度，对于防止打底焊缝裂纹的产生并不明显。

焊接顺序布置的不合理，会造成最后焊接的接头拘束度增大，因此应尽量保证接头一端的自由，且由于在搭载阶段焊接不可避免地有先后顺序，应先焊接重要焊缝的接头，后焊接一般等级焊缝的接头，最后焊接相应的角接缝。打底焊缝完成后，应立即进行填充层的焊接，因为打底焊道较薄，所以容易造成微裂纹扩展。

5.3 横对接根部裂纹

5.3.1 裂纹特征

（1）外观特征　在搭载或总组阶段，背面采用贴陶瓷衬垫进行单面焊双面成形的横对接焊缝，偶尔会发现一种纵向裂纹，部分可肉眼观察到图 5-22a 所示，如果背面有粉尘则会在裂纹上聚集形成直线，如图 5-22b 所示；部分需要借助于 MT 或 PT 检测才能发现，如图 5-22c 所示，长短不一，且呈断续状。这种裂纹与平对接打底焊缝类似，也属于打底纵向裂纹。

a) 肉眼可见裂纹

b) 裂纹上的粉尘

c) MT或PT检测裂纹

图 5-22　裂纹背面形态

第5章　FCAW对接焊缝裂纹案例

打底完成后也可以从正面观察到裂纹情况，如图5-23所示。通过X射线检测时，也可以观察到裂纹的存在，如图5-24所示。如果从背面通过碳弧气刨进行缺陷清除时，可以看到裂纹呈细长形，如图5-25所示。横对接打底焊缝由于根部装配间隙不同，焊道数也不同，一般装配间隙在7mm以内只有一道焊缝，间隙大于7mm则焊接两道或更多道数。如果打底只有一道焊缝，则裂纹出现在此道焊缝中心；如果打底有多道焊缝，则裂纹出现在打底最后一道焊缝中心。裂纹出现在各类船体结构材质、厚度及各种装配间隙的横对接缝中，具有一定的普遍性。

a) 焊缝中心裂纹

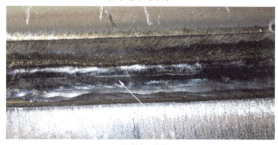

b) 焊道间裂纹

图5-23　裂纹正面形态

a) 裂纹1

b) 裂纹2

图5-24　裂纹X射线检测

图 5-25 裂纹碳弧气刨后形态

（2）宏观金相及微观组织 截取两段 20mm 厚 AH36 的横对接打底焊缝裂纹进行宏观金相观察，显示裂纹均出现在第三道也是打底焊最后一道焊缝中心位置，图 5-26a 所示为 1# 试样裂纹贯穿整个焊道厚度；图 5-26b 所示为 2# 试样裂纹并未开裂至背面。因此，在实际生产中横对接焊缝打底裂纹可以通过背面 MT 或 PT 检测，但并不能完全排除裂纹的存在，还需要 UT 或 RT 检测确认。将图 5-26a 所示焊缝截取一段拉断，观察纵向裂纹断面呈明显的氧化色，如图 5-27 所示。

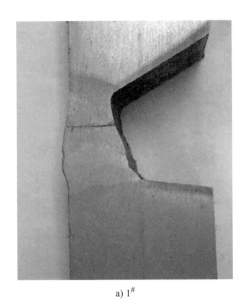
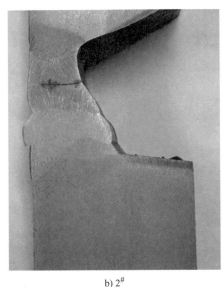

a) 1#　　　　　　　　　　　　b) 2#

图 5-26 裂纹横截面宏观金相

分别观察 1# 和 2# 试样的微观组织，可以非常清晰地看到裂纹均位于焊缝结

图 5-27 裂纹纵向截面

晶的最终位置,从焊缝正面到背面裂纹宽度呈减小趋势,裂纹边缘呈锯齿状(即使放大倍数也观察不到裂纹边缘的组织形态,这与试样的腐蚀情况有关),如图 5-28a 和图 5-29a 所示。1#试样的裂纹根部有一段向上的开裂,此开裂不属于焊接冶金裂纹,而是由于外力作用造成的破坏性断裂,其断裂面非常光滑,且裂缝宽度相对较小,图 5-28b 中箭头是焊接裂纹和断裂的分界点。1#和 2#试样裂纹的根部高倍显微组织显示,裂纹仍然是穿过先共析铁素体形成的晶胞,如图 5-28b、c 和图 5-29b、c 所示。

a) ×25

b) ×100

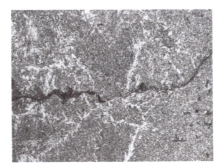

c) ×200

图 5-28 1#试样裂纹横截面微观组织

a) ×25

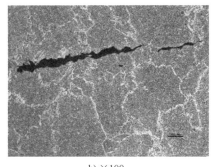

b) ×100

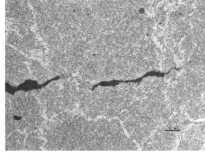

c) ×200

图 5-29 2#试样裂纹横截面微观组织

5.3.2 裂纹类型

横对接陶瓷衬垫焊的根部打底裂纹纵向断面具有明显的氧化色，宏观、微观组织显示裂纹位于柱状晶体对生成长交遇的位置，属于典型的结晶裂纹。这种裂纹与平对接衬垫焊的打底焊裂纹性质相同，如果打底焊后不及时进行填充、盖面，裂纹会在搭载阶段较强的拘束条件下逐渐扩展。与平对接不同的是裂纹的深度更大，且由于横对接打底焊缝背面余高较低或有内凹的情况，所以裂纹有时贯穿至背面，会更容易被检测到。

5.3.3 原因分析

横对接陶瓷衬垫打底焊的根部裂纹的产生原因与平对接相同，具体可参考4.1章节的相关内容。但横对接的一些特点会让其产生裂纹的概率增大。

横对接缝焊接的特点是熔池会由于重力作用向下坠，因此，横位置焊接时每一道焊缝热输入相对较低，以避免焊道下侧出现焊瘤。根部间隙的大小决定了根部打底焊道的数量，一般7mm以下为一道焊，间隙大于7mm时为多道焊。多道焊时，打底焊的最后一道间隙控制在5mm以下，裂纹出现在只有一道焊缝的中心或打底焊最后一道焊缝的中心。根据平对接根部裂纹的分析，根部间隙小，产生裂纹的概率相对较大，因此，如果其他影响因素相同，横对接根部裂纹发生概率相对于平对接要大。

横对接焊接操作时也与平对接不同，根部间隙 5mm 以内，一般操作时焊枪不摆动，5mm 以上则进行斜摆，避免熔池温度过高而下坠。相对于平对接打底焊，在同等焊接条件下，横焊焊接速度相对较快，这也提高了结晶裂纹产生的概率。

在实际生产中，平对接焊、横对接焊带陶瓷衬垫打底容易出现结晶裂纹，但立向上对接焊极少出现类似裂纹（熄弧位置除外）。立向上对接焊相对于平、横位置，为了避免熔池下流，焊接电流只能控制在较小的范围、焊接速度慢且必须进行摆动，这些焊接特点使得立对接打底焊裂纹概率大大降低。同时立对接焊打底层厚度较大，可以抵抗热输入大带来的收缩应力，且焊缝正面呈凸形（见图 5-30），相对于平、横焊下凹的焊道轮廓，具有较高的表面抵抗应力开裂的能力。

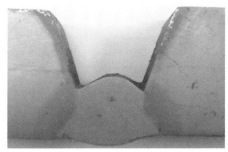

a) 焊道轮廓　　　　　　　　b) 正面中心，×25

图 5-30　立对接焊横截面焊道轮廓及微观组织

5.3.4　预防措施

横对接陶瓷衬垫单面焊在船体结构焊接中应用较多，如果发现根部打底焊道存在裂纹，则同一人操作的整条焊缝应进行裂纹确认检查，可以先采用 MT 或 PT 从背面进行表面检测，然后再采用 UT 进行内部检测。同时应将打底焊道裂纹与熄弧位置产生的裂纹进行区分，如果只是打底焊接停弧产生的裂纹，则集中处理接头位置即可。清除打底裂纹时，应准确告知操作者缺陷的位置，从焊缝背面进行碳弧气刨清除，以免操作者认为裂纹与平对接缝的裂纹相同都位于背面焊缝的中心，从而碳弧气刨时没有观察到裂纹。碳弧气刨完成待其冷却后，应仔细观察气刨区域两端是否还存在裂纹或裂纹的扩展情况，焊接修补也应尽快实施。

预防横对接根部打底裂纹最主要的措施仍然是控制焊接电流和焊接速度的上限，上限值与焊丝的型号、品牌有一定关系，船厂可以根据施工的历史经验、试验数据制定上限值。预防平对接根部打底裂纹的措施同样适用于横对接，如减少拘束度、及时焊接填充焊道等。

5.4 根部弧坑裂纹

5.4.1 裂纹特征

(1) 外观特征 在背面贴陶瓷衬垫进行根部打底焊接时，由于各种因素需要停弧或被动熄弧，熄弧的位置容易产生缩孔，并伴随有裂纹，这种裂纹属于弧坑裂纹，船厂习惯称之为缩孔裂纹，如图 1-8 所示。缩孔裂纹在 X 射线检测中经常被发现，不同材质、不同板厚、不同焊接位置、不同焊丝类型的带衬垫焊都可能产生。射线检测显示，缩孔裂纹一般形态为一个不规整的长圆形带一条长短不一的细线，整体类似于"小蝌蚪"，如图 5-31 所示。

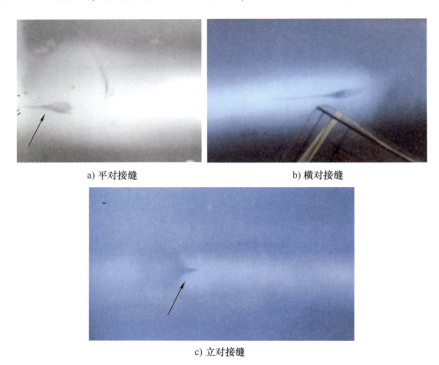

a) 平对接缝   b) 横对接缝

c) 立对接缝

图 5-31 缩孔裂纹射线检测显示图像

熄弧后从正面也可以观察到裂纹的存在，如图 5-32 所示，裂纹从熄弧点向前端延伸，一部分已经裂至表面，另一部分掩藏在焊缝内，但也存在正面发现不了裂纹（裂纹掩藏在熄弧位置后端焊缝内部）的情况。需要说明的是并非所有的熄弧位置都会有缩孔，即使有缩孔也并不一定有裂纹。对熄弧位置从背面进行打磨或碳弧气刨，可以看到裂纹与缩孔，缩孔碳弧气刨去除后裂纹仍然存在，如图 5-33 所示情形。

第 5 章 FCAW 对接焊缝裂纹案例

a) 平对接缝

b) 横对接缝

c) 立对接缝

图 5-32 熄弧位置裂纹正面

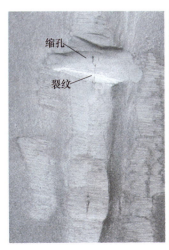 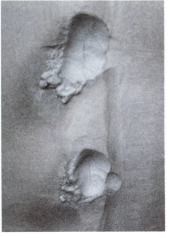

图 5-33 立对接熄弧位置背面

87

（2）宏观与微观金相　截取一些缩孔裂纹的横截面进行宏观及微观组织观察，可以看到裂纹有些正面可以观察到，如图5-34b所示；有些正反面都观察不到裂纹的存在，如图5-35所示；3种位置缩孔裂纹的25倍微观组织显示，裂纹仍然都位于最后凝固的焊缝中心位置，但熄弧位置的组织相对于连续焊缝中产生的裂纹由于冷却速度较快，因此其先共析铁素体不明显，且晶粒细小，如图5-35和图5-36所示。与其他不同的是图5-35e，由于受到再次起弧焊接热输入的影响，组织大多转变成细小的多边形铁素体。弧坑产生的裂纹可能存在多处的情况，如图5-34a所示，同一横截面上有2处未连贯的裂纹。

（3）裂纹纵向断面电镜扫描　集美大学陈章兰对于同类型熄弧位置裂纹的纵向断面进行了电镜扫描分析，如图5-37所示。图5-37c、d显示断口表面光滑，整体呈现"蛋箱"型或卵石状表面形态，属于典型的热裂纹断面；晶粒形状完好，近焊缝表面区域（A位置）的晶粒由于冷却过快的缘故明显比内部（B位置）的细小。断口表面覆盖的薄膜，由于熔点低于焊缝金属，因此金属已经开始结晶时仍以液态存在，在晶粒表面呈"褶皱"形，会增加焊缝热脆性。

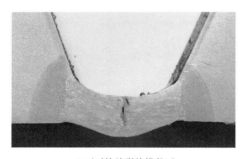
a）平对接缝裂纹横截面

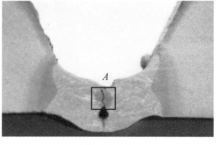
b）平对接缝裂纹横截面

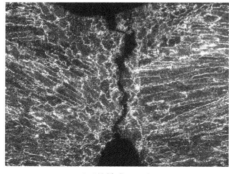
c）A处放大，×25

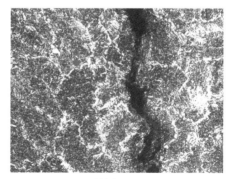
d）A处放大，×100

图5-34　平对接缝弧坑裂纹宏观及微观组织

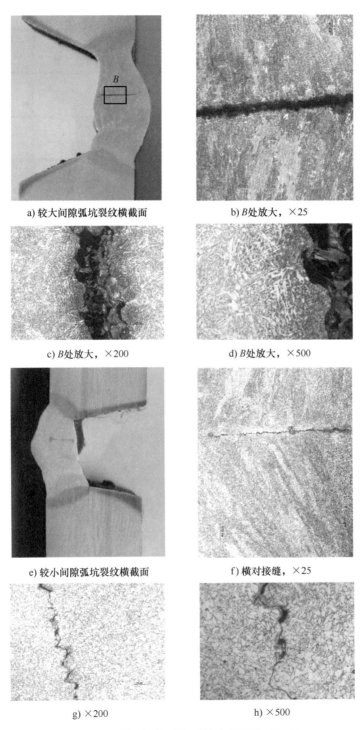

a) 较大间隙弧坑裂纹横截面
b) B处放大，×25
c) B处放大，×200
d) B处放大，×500
e) 较小间隙弧坑裂纹横截面
f) 横对接缝，×25
g) ×200
h) ×500

图 5-35 横对接缝弧坑裂纹宏观及微观组织

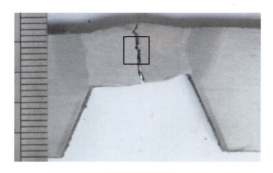

a) 熄弧裂纹横截面

b) ×25

c) ×200

图 5-36 立对接焊缝弧坑裂纹宏观及微观组织

a) 熄弧裂纹正面

b) 纵向断面

c) A位置，×1000

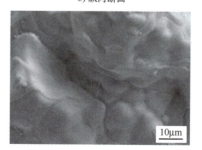

d) B位置，×1000

图 5-37 弧坑裂纹纵向断面电镜扫描

5.4.2 裂纹类型及原因分析

根部弧坑裂纹在收弧冷却后即可观察到，且通过宏观、微观组织分析，裂纹位置焊缝冷却后的最终位置，裂纹断面整体平整，电镜扫描分析断面呈现光滑卵石状，有高温下冷却残留杂质，可以判定为热裂纹中的结晶裂纹。

弧坑的形成是因为熄弧后由于焊丝不能继续熔化形成熔敷金属，所以导致熄弧位置没有足够的金属来填充，从而形成低于原有焊缝的坑状外形；缩孔的形成主要由于陶瓷衬垫不仅不能像母材或前道焊缝金属熔化后形成新的焊缝金属，而且还会使其熔化的焊缝凸出背面形成余高，熄弧后弧坑两侧冷却后收缩，结果使弧坑中心焊缝金属严重不足而形成缩孔。

根部弧坑裂纹与前文所述的根部打底焊是同一类型的热裂纹，产生的原因除焊接电流大、焊接速度快、坡口角度或根部间隙小、拘束度大等外，还与弧坑的热循环、应力状态以及缩孔的影响有关。弧坑位置因为熄弧后电弧热量消失，所以冷却速度必然加快，从而引起收缩应变速率加快、成分偏析加剧、焊缝中心杂质及低熔点组分聚集，这些均是导致热裂纹产生的因素；弧坑的应力状态复杂，不同于连续焊缝，处于复杂的三向拉应力状态，为裂纹的产生提供了应力条件；缩孔不同于气孔，其形状不规则且有时存在尖角，缩孔不仅减弱了焊缝抵抗应力的能力，同时尖角为裂纹的产生及扩展提供了条件，因此在X射线检测底片中缩孔和裂纹经常同时出现。

5.4.3 预防措施

根部弧坑裂纹在船厂容易产生却又很难彻底预防，因为其不仅与工艺方法有关，更在于操作者的技能水平及熄弧时的控制，即使是在造船技术发达的日本、韩国船厂，也不能保证每个熄弧位置不产生缩孔及裂纹。以下介绍几种可以减少或处理弧坑缩孔及裂纹的方法，与前文打底裂纹类似的预防措施在此不再赘述。

（1）收弧控制　既然熄弧时产生的弧坑及缩孔是由于熔敷金属填充不足导致的，那么熄弧时再次填充理论上可以一定程度地减少弧坑及缩孔。再次填充有几种方式：第一种是在熄弧后焊缝仍然处于高温状态（焊缝呈红色），此时立即在熄弧点引弧开始连续焊接，这种方式也称为热接法，其相对应的冷接法则是熄弧点冷却后再次引弧焊接的方法；第二种是焊缝仍然处于高温状态时在熄弧点位置重新燃弧瞬时焊一下，焊的次数可以是1次或者多次；第三种是设备如果有收弧功能，则可通过设备调节收弧电流、电弧电压及衰减时间等参数。

收弧控制的另外一种方式是转移熄弧点的位置，不将熄弧点放置在陶瓷衬垫上，而是熄弧时回焊至前端焊缝或坡口边上，或采用退焊法将熄弧点放置在前道焊缝上，如图 5-38 所示。

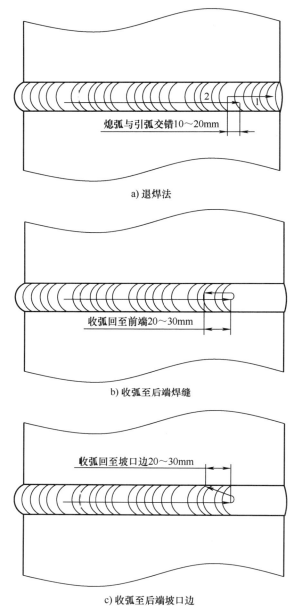

图 5-38 收弧控制方式

为了验证以上几种方式的预防效果，在平对接位置进行了相关焊接试验及 X 射线检测，结果如图 5-39 所示。几种方式只有热接法既无缩孔也无裂纹，其他方法有些存在不同尺寸的缩孔，如图 5-39 中（11）～（14），有些存在裂纹，如图 5-39 中（15）、（16）。值得注意的是瞬时焊法，不但不能去除缩孔还有可能产生角度更小的尖端。虽然热接法预防弧坑裂纹的效果相对较好，但在实际生产施工时，热接法会因为各种因素的影响（如结构阻挡）而不能准确实施。

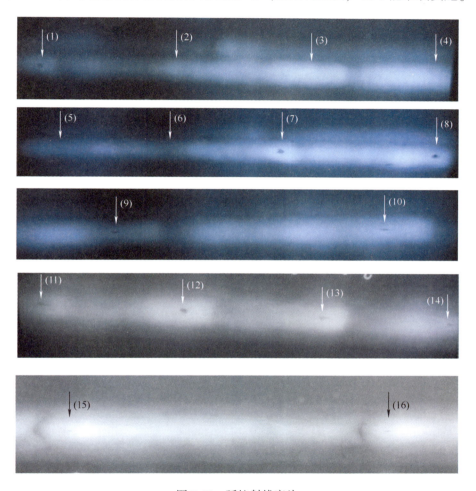

图 5-39　弧坑射线底片

注：(1)、(5)、(8) 为冷接法；(2)、(4)、(6) 为热接法；(3)、(7) 为收弧至前端焊缝上；(9)、(10) 为收弧至前端坡口边上；(11)、(12)、(13)、(14) 分别为瞬时焊 1、2、3、4 次；(15) (16) 为退焊法。

(2) 弧坑处理　如果未能采用有效方法进行收弧控制，则需对弧坑进行处理。一种方法是熄弧后再次引弧前对弧坑位置进行打磨去除缺陷的处理方式，如图 5-40 所示。这种方法的优势是第一时间将缺陷去除，而且形成的倾斜过渡能够使接头背面的焊缝外观平缓，不需要进行二次处理；不足之处则是现场施工需配备较多打磨工具，以满足焊工随时处理熄弧位置的需要，而这往往在中国船厂很难做到。另一种方法是打底焊接完成后整体处理的方式，首先对接焊缝全部焊接完成后拆除背面衬垫，做好接头位置的标记（弧坑位置会在衬垫面形成可以辨别的外观，如图5-41所示），然后采用碳弧气刨清除缺陷后焊接修补。这种方式的优势是可确保每个熄弧位置的缺陷得到有效清理，消除了产生弧坑裂纹的隐患；不足之处则是增加了处理的成本，但毕竟还是消除了弧坑裂纹或其他缺陷的可能，尽管这种缺陷产生的概率较低。

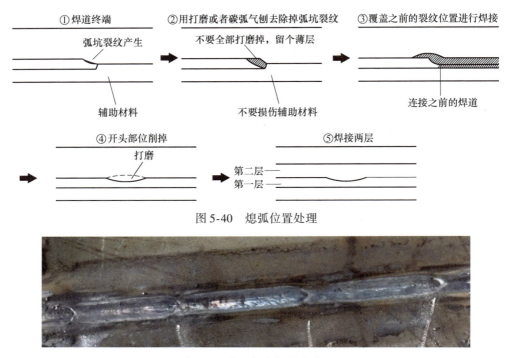

图 5-40　熄弧位置处理

图 5-41　背面打底焊接头位置

5.5　铜污染裂纹

5.5.1　裂纹特征

（1）外观特征　船舶舭部转圆位置常设计有舭龙骨结构，舭龙骨与外板的连接通过一块紧贴在外板上的垫板过渡，如图5-42所示。垫板为AH36，宽度100mm，采用FCAW焊接方法。搭载阶段，垫板在分段合拢口位置需要对接，而对接焊不能把外板当作衬垫进行焊接，以免舭龙骨损坏时撕裂外板。为了既满足对接焊的要求，又不将外板熔接，在外板大合拢缝焊接完成后嵌入一块垫板与前后垫板进行对接焊,焊接前常用纯铜垫片塞入坡口背面当作衬垫使用。纯铜垫片散热快,不容易熔化,对接焊完成后可以抽出或保留作为永久垫片。某船舶产品在焊缝检测时发现,舭龙骨垫板的对接焊发生了开裂,引起对这种操作方式的关注。垫板的焊接位置为立对接焊,裂纹从上端向下开裂,有些裂纹开口较大,还有些裂纹较细小,但都肉眼可见,如图 5-43 所示。

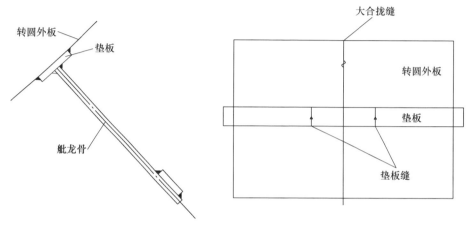

图 5-42　垫板对接焊

a) 裂纹开口较大

b) 裂纹开口细小

图 5-43　垫板对接焊开裂

(2) 内部特征　截取开裂的对接焊缝进行微观组织观察，发现打底焊缝根部铜质已经渗入到焊缝中，如图 5-44a 所示白色部分，铜质渗入基本上沿着平行于坡口面方向进行；焊缝中共析铁素体晶界已经部分发生开裂，如图 5-44b 所示，根部两侧熔合线以及附近的焊缝中都已经存在开裂，开裂基本上均是沿着原奥氏体晶界开展，如图 5-44c、d 所示。

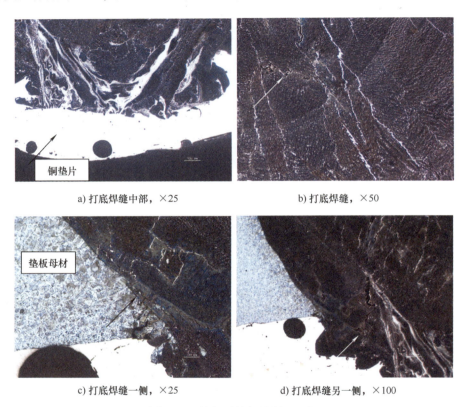

a) 打底焊缝中部，×25　　　　b) 打底焊缝，×50

c) 打底焊缝一侧，×25　　　　d) 打底焊缝另一侧，×100

图 5-44　垫板对接焊缝微观组织

5.5.2　原因分析

从微观组织上观察到铜质的渗入，并在先共析铁素体晶界存在铜的成分，基本上可以认为属于铜污染开裂。焊缝金属在熔化状态下，铜渗入到奥氏体的晶界，会降低晶界的结合力，从而使铜渗入到晶界发生脆化，冷却过程中在搭载阶段较高的拘束应力下发生晶界开裂。

在现场施工中，由于对接间隙的不可控和焊接参数的选择过大，会导致打底焊接的热输入过大，铜垫片发生过多熔化而渗入到根部焊缝及熔合线附近的焊缝中，并聚集在先共析铁素体晶界区形成初始裂纹源。在后续的应力作用下，逐渐扩展到表面,形成贯穿整个垫板厚度方向的裂纹。由于垫板尺寸较小、且为立向上焊,随着向上焊接的进行,越往上则热量越大,铜质的渗入量越大,因此裂纹大多从上端往下开裂。

5.5.3 预防措施

防止铜污染裂纹的主要方法是避免渗铜,在铜垫片厚度无法增大的情况下,必须严格控制热输入。减小坡口间隙、降低打底焊接电流时,均可以降低焊接热输入,既保证根部熔合又能减少铜的渗入。组对间隙需控制在4~5mm,焊接电流≤150A。虽然如此,也很难完全避免铜的渗透。

另外一种替代方式则是采用其他垫片代替铜垫片,目前常用的是玻璃纤维布。玻璃纤维布的厚度≥0.5mm,更稳妥的方法是布置两层0.5mm纤维布,长度比垫板宽度上下宽30mm并与引熄弧板相连,如图5-45所示。装配间隙控制在4~7mm,焊接电流为130~150A,打底厚度尽量小。从纤维布衬垫引弧板开始焊接,中间不能断弧,直至在纤维布熄弧板上收弧。

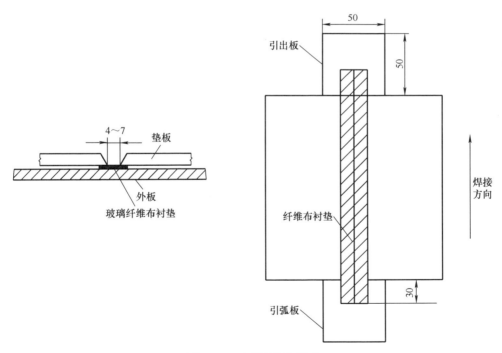

图5-45 玻璃纤维布形式

第6章 FCAW角焊缝裂纹案例

6.1 FCAW角焊工艺

船体结构焊缝中填角焊缝占有较大比例,填角焊缝从位置上区分大部分又以横位置为主,即俗称的平角焊缝,其次为立角焊缝,少量仰角焊缝。平角焊缝因为容易实现自动化焊接,且对于操作技能要求最低,焊接效率高,质量易保证,因此,船体建造时尽量会让大部分焊缝处于平角焊位置,即使需要吊机翻转至平位置,也比仰角焊缝更能实现高效生产。船体结构填角焊缝焊脚尺寸根据船型不同而有所区别,如油船一般情况下控制在7mm以内,因此焊道的布置以单道焊为主。

从裂纹产生的概率上看,首先立角焊缝向下焊接裂纹发生概率最高,其次是平角焊缝,立角焊缝向上焊接则较少出现裂纹。立角向下焊接这种工艺因为裂纹发生概率较高,很多船级社控制严格,不仅对于焊工的操作技能、焊丝的认证、工艺的认可,以及现场装配间隙都要严格的规定,所以这种工艺在国内船厂一般只用在上层建筑结构中。从裂纹出现的位置上看,如果是纵向裂纹,平角焊缝、仰角焊缝和立向下焊缝裂纹出现在焊缝中心或焊趾位置,立角焊缝除了收弧位置在焊缝中心,其他只在焊趾位置附近发现过;如果是横向裂纹则并无固定位置。角焊缝裂纹不限定在特定的材质、板厚及操作方法上,普通强度钢和高强度钢、薄板和厚板都有发现的情况,但随着板厚的增加,同样焊脚尺寸出现裂纹的概率会增大;半自动或自动化焊接方法均有出现裂纹的情况。

6.2 平角焊缝中心纵向裂纹

6.2.1 裂纹特征

(1) 外观特征 平角焊缝由于数量较多,现场施工过程中报道的次数也最多，裂纹的尺寸、形态也多种多样。有些平角焊缝裂纹较长，分布在焊缝中部，如图 6-1 所示；有些在端头，长度较短，如图 6-2 所示；当面板与腹板不垂直、形成较小的夹角时，这种接头的平角焊缝也容易产生裂纹，如图 6-3 所示；有些裂纹容易在引弧、熄弧位置产生，如图 6-4 和图 6-5 所示。裂纹基本上出现在焊缝中心位置或角焊缝斜边中心偏上位置，但也有中心裂纹延伸至靠近焊趾位置，如图 6-6 所示，这种扩展后的裂纹一般没有形成一条整齐的线，而是曲折断裂。有些裂纹形成一条连续直线，如图 6-7 所示，而有些裂纹呈断续状，如图 6-8 所示。

图 6-1　平角焊缝常见连续裂纹

图 6-2　平角焊缝端头裂纹

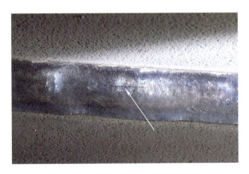

图 6-3　平角焊缝夹角处裂纹

图 6-4　平角焊缝引弧位置裂纹

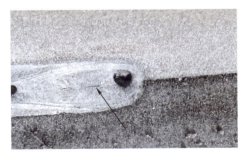

图 6-5　平角焊缝熄弧位置裂纹
（磁粉检测显示）

图 6-6　平角焊缝裂纹靠近腹板侧焊趾

图 6-7　平角焊缝连续裂纹

图 6-8　平角焊缝裂纹不连续
（磁粉检测显示）

(2) 横截面组织特征　截取某些试板焊接裂纹进行横截面宏观及微观组织分析，典型的宏观试样如图 6-9 和图 6-10 所示。图 6-9 截取了两个不同板厚及材质的开口平角焊纵向裂纹。裂纹沿两侧结晶方向的汇合面从根部横跨至焊缝表面，由于重力因素，熔池与上、下侧板材接触面不同，引起上下侧焊缝冷却速度不一致，因此，结晶的汇合面并不呈现直线，而是一个曲线，这也是很多平角焊纵向裂纹从角焊缝表面看不是在中心位置，而是在中心线偏上位置的原因。图 6-10 平角焊纵向裂纹虽然未扩展到表面，但只是截取的位置不同，整条裂纹有部分已经在表面可以肉眼观察到。图 6-10 中 A 和 B 裂纹也都是在焊缝结晶中心线开裂，从结晶的角度看，如果结晶方向与中心线的夹角越大、对应区域越宽，也越容易引起开裂。A 裂纹中心部分开裂较宽，两端窄且已经形成尖锐的微裂纹，扩展趋势明显；B 裂纹整条微小，宏观试样肉眼都很难观察到，上端裂纹宽度相对较大，并向下端（根部方向）扩展，两端也都呈尖角扩展趋势。

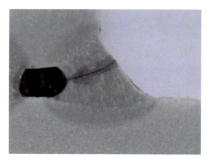

a) 引弧位置裂纹　　　　　　　　b) 连续焊缝裂纹

图 6-9　平角焊缝纵向裂纹横截面

(3) 纵向破断面组织特征　选取图 6-9a 的裂纹纵向截面进行电镜扫描检测，如图 6-11 所示。裂纹断面呈现氧化色彩，肉眼观察有两个不同形态的区域，箭头 A 区域先于 B 区域冷却，裂纹的方向由 A 区域至 B 区域。两个区域表面都很光滑，上面附着高温熔融及氧化颗粒，与其从焊缝中心开裂是相对应的。从图 6-9b、d 可以看出，A 区域晶胞细小，小块状层叠，而 B 区域晶胞细长，应是

第6章 FCAW角焊缝裂纹案例

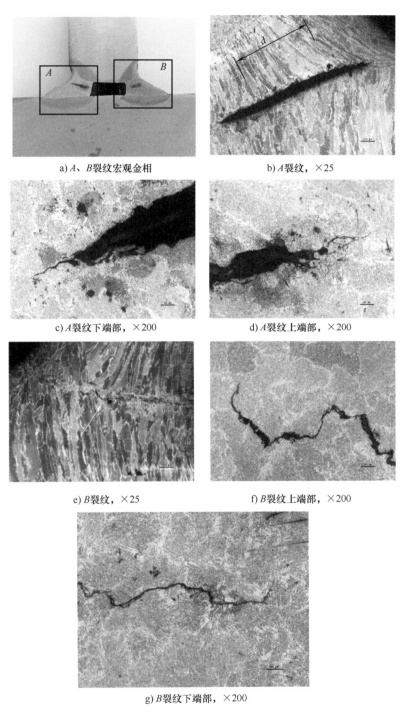

图6-10 平角焊纵向裂纹宏观及微观组织

柱状晶界开裂。

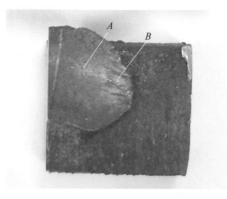

a) 裂纹纵向截面A、B区

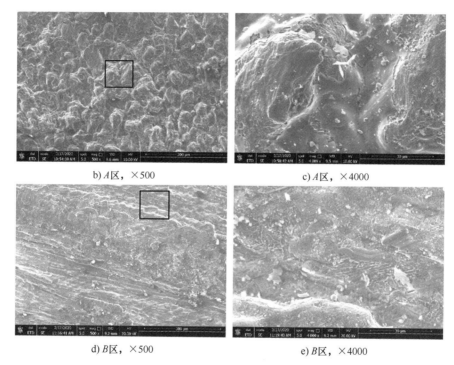

b) A区，×500

c) A区，×4000

d) B区，×500

e) B区，×4000

图6-11 裂纹破断面电镜扫描图

6.2.2 裂纹类型

平角焊缝中心纵向裂纹均发生在焊缝两侧结晶方向的汇合面，大部分裂纹可肉眼观察到，具有一定的开口宽度。裂纹断面可以看到高温氧化色，电镜扫描观察断面光滑，应是沿晶断裂类型。因此，平角焊缝中心纵向裂纹仍然为典型凝固裂纹，与陶瓷衬垫打底纵向裂纹相同。

但对于图 6-6 所示延续到靠近焊趾位置的纵向裂纹，则并不属于凝固裂纹，而是由于焊缝与腹板的熔合面积较少或熔合不良而导致受力面积不足，在整体结构装焊完成后所形成的内应力作用下而开裂，如图 6-12 所示。

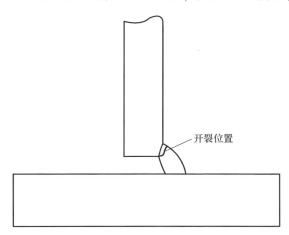

图 6-12　受力面积不足造成的开裂

6.2.3　裂纹原因分析

平角焊缝中心纵向裂纹的产生原因可以参考对接陶瓷衬垫打底焊，重点需要关注的是焊缝成形状态以及产生这种焊缝成形的工艺、材料因素。在实际生产过程中发现，焊缝余高 h 不足或呈负值（表面内凹）以及组对间隙过大造成焊缝熔入过深。焊缝过凹会造成表面拘束度增大，从而引起表面开裂；焊缝熔入过深，实际上是焊缝成形系数变小，结晶方向与中心线的夹角增大、对应区域 d（见图 6-10b）增大，开裂的风险增大，如图 6-13 所示。图 6-13 中 3 种形式在同等焊接参数条件下，相对容易产生裂纹的是图 6-13c，其次是图 6-13b，因为图 6-13c 位置焊接后熔深 a_2 大于图 6-13b 位置的 a_1，图 6-13a 所示形式下裂纹发生的概率最小。

船舶结构 T 形接头角焊缝的标准装配间隙为 0～2mm，而由于切割和装配精度问题，接头装配间隙往往做不到均在规定间隙以内。在同样的焊接参数下，装配间隙增大会使得焊缝部分熔入到间隙内，而造成表面下凹，这也是很多纵向裂纹刨开后发现原有装配间隙超过标准，如图 6-14 所示。

焊接参数方面，大焊接电流会增加焊缝部分熔入装配间隙内的深度、大的电弧电压造成焊缝表面内凹、高的焊接速度增大了结晶线方向与中心线的夹角和对应区域 d（见图 6-10b），容易在焊缝中心部位产生裂纹。如果装配间隙较大时，这种风险会更高，因此，应极力避免出现大电流、焊接速度过快的情况。焊接参数的极限值一般根据不同的焊丝类型、不同品牌的热裂纹敏感性而定。

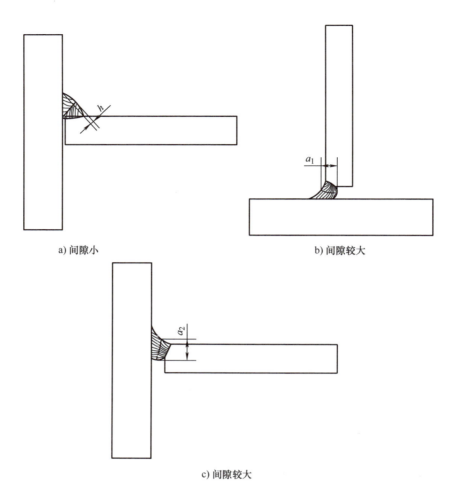

a) 间隙小

b) 间隙较大

c) 间隙较大

图 6-13　装配间隙超标状态

a) 加强板平角焊裂纹图

b) 刨开后图

图 6-14　装配间隙较大引起的裂纹

本案例均是针对药芯焊丝，在第 4 章论述陶瓷衬垫打底裂纹时提到，实芯焊丝（AWS A5.18 ER70S-G）、金属粉芯药芯焊丝（AWS A5.18 E70C-G）、铁粉型药芯焊丝（AWS A5.20 E70T-1C）、氧化钛型药芯焊丝（AWS A5.20 E71T-1C）的抗裂性呈依次下降趋势，这种趋势同样适合于平角焊缝，可作为选择焊丝的一个参考。

另外一个值得关注的是焊脚尺寸设计，不合理的焊脚尺寸会导致平角焊中心纵向裂纹的发生。在某公司调研时发现，肋板上的加强材平角焊缝出现了中心纵向裂纹，由于肋板上的加强材结构简单、拘束度非常小，装配间隙也在标准范围内，采用的焊丝是铁粉型药芯焊丝，因此焊缝不仅没有内凹还带有一定余高，其肉眼观察不仔细，则很难发现裂纹。在排除了各种因素后，分析是产品的焊脚尺寸设计不合理造成的，因为需要控制空船重量，对于这种联系角焊缝焊脚设计尺寸较小（相对于同板厚的焊脚尺寸设计），现场施工时又要求负公差。经统计，出现裂纹的 T 形接头组合有 K4（腹板 15mm、面板 20mm）、K4（腹板 15mm、面板 25mm）、K5.5（腹板 15mm、面板 24mm）、K6（腹板 15mm、面板 19.5mm）等。当焊脚尺寸小时，必然需要较高的焊接速度，热输入也会降低，K5 焊脚热输入一般在 0.8kJ/mm 左右，随着板厚的增加，冷却速度加快，收缩应变速度急剧增加，会造成焊缝中心的凝固裂纹。

6.2.4 预防措施

根据对以上平角焊缝中心纵向裂纹的原因分析，预防措施主要有以下几个方面。

（1）装配间隙 按照规定装配间隙进行组装，但在大组和搭载阶段，装配间隙 a 往往很难控制在规定范围内，如果出现超过标准规定间隙的情况，则应该适当减小焊接参数，如焊接电流、电弧电压。间隙超过 3mm 时，需采用小电流在缝隙内填焊一道后再进行焊接，并适当增大焊脚尺寸；当装配间隙超过 5mm 时，需按照参数要求重新开制坡口，并按全熔透焊缝要求施工。

（2）焊接参数 平角焊缝对于焊接参数的容许度相对于陶瓷衬垫打底裂纹高一些，尤其是在标准规定间隙范围内一般不容易出现中心纵向裂纹，只有在装配间隙超标情况下才需要控制焊接参数。如果施工过程中出现了中心纵向裂纹，则降低焊接电流和焊接速度是非常有效的手段。

（3）焊接材料的选择 上述已经提到实芯焊丝和金属粉芯焊丝虽然抗裂性高于药渣型药芯焊丝，但应用却非常少，因为如果选择 CO_2 作为保护气体，则由于操作性能差、表面成形粗糙，会造成后续更多的处理工作量（如打磨）。如果选择混合气体，则整体成本增加。药渣型药芯焊丝有全位置氧化钛型和专用于平角焊的铁粉型药芯焊丝，铁粉型药芯焊丝成本稍高，但适合大电流、高速焊,因此常用于平角焊的自动化装备,如船厂普遍应用的多电极 HS‑MAG 焊、各种角焊小车,抗裂性和抗气孔性具有明显优势。另外,由于铁粉型药芯焊丝含有铁粉,熔敷效率高,因此可以有效填补空隙而不造成表面内凹,在提高抗裂性的同时也确保了焊缝尺寸。

6.3 平角焊缝横向裂纹

6.3.1 裂纹特征

平角焊缝横向裂纹产生的概率很小,但如果产生则会在相似结构、相同时间段内的产品上发现,修补范围大、造成的损失也很大。平角焊缝采用药芯焊丝半自动或自动焊均有过类似情况,以自动焊占比居多。如北方某厂在冬季出现的自动角焊缝横向裂纹,如图 6-15 所示。本案例为国内某厂产品中发生的局部密集横向裂纹,如图 6-16 所示。裂纹肉眼可见,打磨后通过 MT 检测则更为明显,裂纹基本上横跨焊缝表面,裂纹间距较均匀。这种裂纹在同时期段类似结构上均有发现。

图 6-15 平角焊缝横向裂纹

图 6-16 平角焊缝密集横向裂纹

经了解,平角焊缝焊脚尺寸为 K13,由横向肋板、加强板与船体外板焊接而成,如图 6-17 所示。横向加强板、肋板间距为 400mm,大于一般的加强板间距,属于密集型结构。外板为舷部转圆板,厚度为 20mm,材质为 AH36,肋板或加强板厚度为 18mm，材质为 AH36。焊接时为了提高效率，转圆外板与肋板处于平角焊位置，裂纹出现在最下端焊缝区域。焊接方法为半自动药芯焊丝气体保护焊，焊接材料型号为 AWS A5.20 E71T-1C，焊丝直径 1.2mm，属于常用焊丝，在其他结构中常用，但未发现横向裂纹。

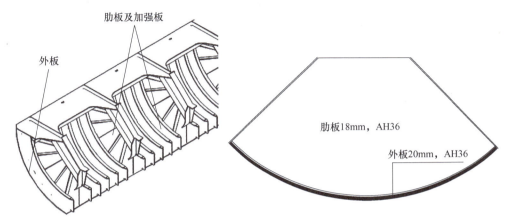

图 6-17　结构型式及焊接位置

逐层刨开焊缝，发现内部存在气孔、夹渣，但从刨开后残留的裂纹形态来看，裂纹对应的位置并没有气孔和夹渣，可以说明裂纹并非由夹渣、气孔等缺陷引起，如图 6-18 所示。

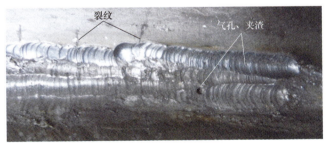

a) 气孔和夹渣

b) 残留的裂纹

图 6-18　裂纹刨开后内部情况

c) 完全清除裂纹后

图 6-18 裂纹刨开后内部情况（续）

6.3.2 原因分析

本案例产生的裂纹通过碳弧气刨清除干净，并经过无损检测确认无残留裂纹后，按照常规的 FCAW 焊接工艺焊接修补后则未发现裂纹，其他类似构件通过现场监督施工，同样无横向裂纹产生。通过国内船厂同行的交流与调研，对于平角焊缝横向裂纹的产生主要有以下 3 种情况。

（1）由夹渣或气孔缺陷引发产生 这种裂纹一般单独存在，并不会出现像"梳子"一样密集的横向裂纹，虽然表面疑似裂纹，但并非焊接本身裂纹，而是内部存在气孔或夹渣，表面打磨后覆盖的焊缝金属减薄，在应力作用下产生开裂，如图 6-19 所示。

a) 气孔引发的裂纹

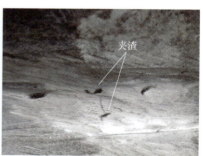
b) 夹渣引发的裂纹

图 6-19 气孔、夹渣引发的表面裂纹

（2）热裂纹 平角焊缝横向热裂纹主要由不合理的焊接参数、药芯焊丝配方成分等综合因素造成。平角焊适合于高效自动化焊接，在效率优先的船厂，普通的氧化钛型药芯焊丝（AWS A5.20 E71T-1C）配以角焊小车成为最常用的自动化焊接方法。为提高焊接效率，大电流、高速度是焊工常选择的方式。而同种型号药芯焊丝，根据不同品牌、不同规格焊接电流均有上下限要求，市面上常见国内外品牌焊丝焊接电流适用范围见表 6-1。可见对于型号 AWS A5.20 E71T-1C、ϕ1.2mm 焊丝最大焊接电流≤300A，焊接电流越大，在同样焊脚尺寸前提下，总体焊接热输入增大 10%~20%，且焊接速度提高，整个温度场被"拉长"，熔池结晶呈现典型的"泪滴"状，不仅容易产生纵向裂纹，而且容易在表面先共析铁素体之间产生表面横向裂纹。大电流、高速焊接产生的另外一个对于焊缝组织的影响则是成分偏析，P、S、B 等热裂纹敏感元素容易在晶界聚集，为热裂纹产生提供了条件，这在某工程上的自动角焊缝横向裂纹断面能谱分析时发现高含量的 S 元素得到了验证。对于焊丝，如果在合理的焊接参数范围内仍然发生横向裂纹，则对于焊丝成分的合理性需要进行分析，尤其是 C、P、S、B 等元素是否存在不合理的比例配比。

表 6-1 不同品牌焊丝焊接电流适用范围（平角焊）

型号	牌号	焊接电流/A		
		ϕ1.2mm	ϕ1.4mm	ϕ1.6mm
AWS A5.20 E71T-1C	SF-1E	180~300	200~410	—
	DW-100E	120~300	160~350	—
	Supercored 71	120~300	150~350	200~400
	YCJ501-1	120~300	150~400	180~450
	CHT-711	120~280	150~320	180~380
	GFL-71	150~300	170~360	200~400
AWS A5.20 E70T-1C	SM-1F	180~320	200~400	220~450
	MX-200	180~300	200~350	270~400
	Supercored 70MXH	—	300~400	350~450
	GFL-70C	150~320	170~400	200~450

（3）冷裂纹 平角焊横向冷裂纹的产生原因也是各种综合因素影响的结果，最主要的原因是扩散氢的影响和不合理的焊接参数，如过高的焊接电流和焊接速度，该因素与热裂纹相同。

由于船厂的地址均位于海边、江边，因此潮湿度相对较大，尤其是变换季节时，潮湿的空气会聚集在钢板角接接头缝隙内，如果不烘干，则会导致焊缝中氢含量急剧增加，不过华南地区的船厂在梅雨季节虽然湿度很大，但很少发现平角焊缝横向冷裂纹，这种横向冷裂纹大多出现在北方船厂冬季施工焊缝中。低温天气环境缩短了焊缝冷却的时间，降低了氢的溢出速度，从而增加了焊缝中氢含量，如果是超高强度钢（屈服强度不低于 470MPa）的焊接材料，还会产生淬硬组织。氢含量的另外一个重要来源是焊接材料，目前船级社认可的药芯焊丝为 H10 或 H5 级别，属于低氢焊接材料类型，但如果现场保存不当，开封后未能及时使用，则会增加焊丝（大多为有缝焊丝）药粉的含水量，从而提高焊缝中扩散氢含量。

不合理的焊接参数除了会引起成分偏析、组织不均匀外，还会导致焊缝硬度增加，图 6-20 所示为不同电流对热输入、热影响区硬度以及焊缝表面硬度的影响。对于相同焊脚尺寸，焊接电流增大，热输入也随之增大，热影响区硬度降低，但焊缝的表面硬度则并未呈现下降趋势，而是先降低后增大，当焊接电流为 350A 时，硬度最高。

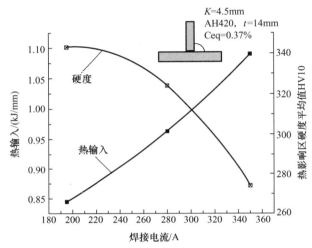

a) 焊接电流对热输入及热影响区硬度的影响

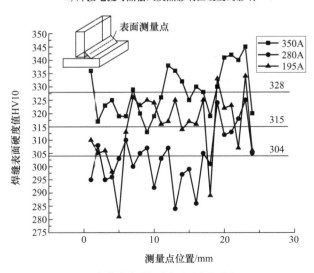

b) 焊接电流对焊缝表面硬度的影响

图 6-20　焊接电流对热输入量、热影响区硬度及焊缝表面硬度的影响

张智等对药芯焊丝焊缝氢含量与焊接电流的关系进行了研究，发现氢含量随焊接电流的增加而增加，尤其对于 H10 级别的焊丝，如图 6-21 所示。另外，由于某些低温韧性钢要求，其相匹配的焊接材料强度和韧性都远高于母材，其产生的纵向残余应力更高，如果采用大电流、高速度焊接，更容易产生横向冷裂纹。

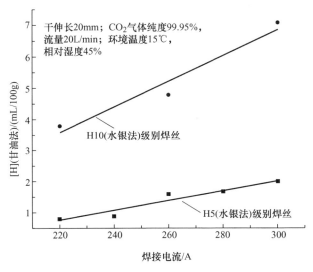

图 6-21　焊接电流变化对焊缝扩散氢的影响

6.3.3　预防措施

综合平角焊缝横向裂纹的类型，对于热裂纹和冷裂纹预防措施可从以下开展。

（1）采用合理的焊接参数　遵循使用焊接材料的推荐焊接参数进行施工，即使实验室条件下可以超过推荐焊接电流焊接，并不代表现场施工可以按照此条件实施，这是因为船体结构的特点决定了接头的拘束度以及应力的复杂程度远高于实验室条件。这不仅适用于热裂纹，同样适合于冷裂纹，如果现场仍然出现横向裂纹，则应进一步降低焊接参数或更换焊丝类型或品牌，这需要综合考虑效率和成本。

（2）焊前准备　低温、潮湿天气施工，焊前必须清除焊件表面及组对间隙的水分，保持接头干燥；真空包装开封后时间较长的焊丝需重新处理或更换；焊件是否需要预热可以根据《中国造船质量标准》的要求进行，具体见表 6-2，但只能作为一般参考，如果仍然出现裂纹，则需提高预热温度。

表 6-2　不同环境下预热要求

适用的钢板材料	需预热的环境温度/℃	最低预热温度/℃
一般强度钢	<-5	20
TMCP 交货状态的高强度钢	<0	
高强度钢	<5	

（3）焊丝类型　选用热裂纹敏感性更低或扩散氢含量更低的焊丝，如在冬天气温较低，预热又会影响效率及增加成本，则可以考虑采用扩散氢含量更低的焊丝，虽然同样会增加焊丝的成本，但对焊接质量的稳定性更有保证，避免后续大面积返修造成更高的质量成本损失。采用扩散氢含量低的焊丝后，相关的库存保管、现场的使用须严格执行标准，以达到降低焊缝氢含量的目标。

6.4　立角焊缝纵向裂纹

6.4.1　裂纹特征

对于船体结构立角焊接头，国内船厂主要采用立向上焊接方式，开裂热输入相对于其他位置较大，焊接速度慢，出现焊接冷裂纹的概率较小，常见的出现在结构趾端和熄弧位置，如图 6-22 所示。但近年平面分段，如底部分段采用肋板拉入法后，纵骨与肋板形成十字接头（见图 6-23），有时会发现有纵骨与肋板的立角焊缝出现，焊趾位置附近的纵向裂纹，如图 6-24 所示。裂纹大部分都位于肋板侧，但也发现过从纵骨开裂的情况（这种情况只发现过一例），如图 6-25 所示。裂纹开口较大，非常明显，都能从外观上观察到。刨开其中的一些裂纹，大多可以看到夹渣、肋板侧未熔合等缺陷，且经过测量角焊接头存在一定的间隙，如图 6-26 所示。对于靠近纵骨侧的裂纹（见图 6-25），初步刨开后发

a）趾端裂纹

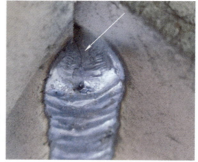
b）熄弧裂纹

图 6-22　立角焊局部裂纹

现裂纹深度较大，整段切取后水平截取观察十字接头宏观金相，发现起始于焊趾端的裂纹已经扩展至另外一侧角焊缝的根部，如图 6-27 所示。

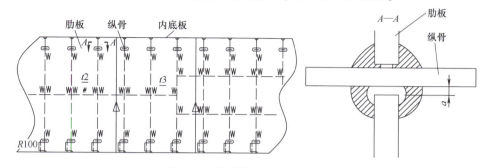

图 6-23　肋板拉入法结构特点

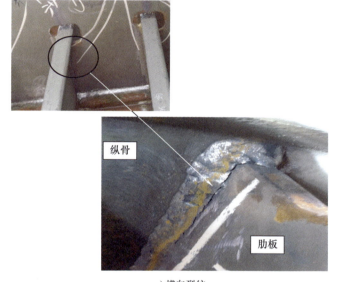

a) 横向裂纹

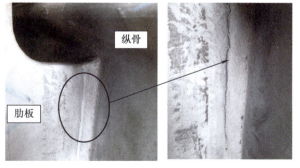

b) 纵向裂纹

图 6-24　立角焊焊趾纵向裂纹（靠肋板侧）

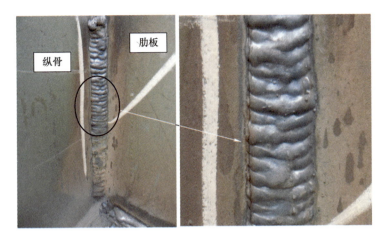

图 6-25　立角焊焊趾纵向裂纹（靠纵骨侧）

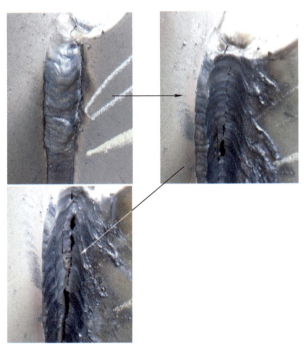

图 6-26　立角焊焊趾纵向裂纹刨开后图

6.4.2　原因分析

对于图 6-22a 结构趾端裂纹，主要是由于趾端大多是应力集中点，同时在施工过程中也是焊接的起弧和收弧位置，存在熔合不良或本身存在裂纹，因此在整体结构装焊后的应力下从趾端起裂。

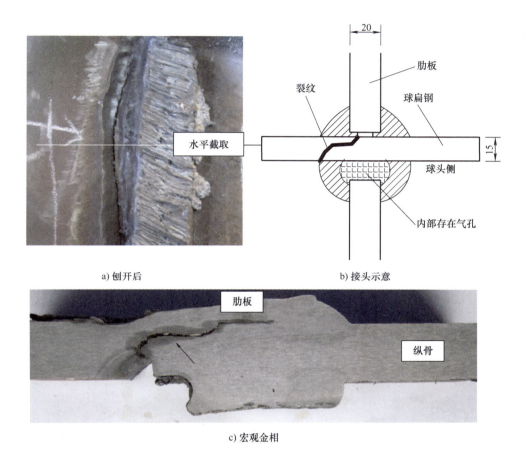

图 6-27 纵骨侧焊趾裂纹刨开后及宏观金相

对于图 6-22b 中的熄弧裂纹，属于典型的弧坑收缩热裂纹，且大多发生在存在一定间隙的熄弧位置，因为间隙的存在使得电弧熄灭后填充金属更加不足，同时收缩应力增大，使得弧坑位置的裂纹呈贯穿性，从弧坑点贯穿到根部。

对于图 6-24 中肋板侧的焊趾裂纹，可以模拟一个十字接头的立角焊来分析原因。立角焊接头间隙分别为 4mm 和 7mm，焊接完成后的十字接头宏观金相如图 6-28a 所示，采用外力模拟肋板方向的拉伸应力，断裂的位置位于 7mm 间隙的焊趾附近，如图 6-28b 所示。实际上这种裂纹不属于焊接冶金裂纹，主要是因为接头间隙增加后不适当的操作方式导致。肋板拉入法对于纵骨的垂直度以及肋板贯穿孔的切割精度要求较高，现场施工不能拉入时，局部则会修割肋板的贯穿孔，导致肋板与纵骨的间隙超过标准且上下间隙不均匀。存在间隙时，焊工有时会采用下行焊方式快速填补间隙（见图 6-28a），然后再采用一道盖面焊完成立角焊缝的焊接。下行焊由于热输入小，因此腹板侧的熔合不良会导致最终焊缝的接触受力面积不足。

对于图 6-25 中靠近纵骨侧的裂纹已经涉及纵骨型材的厚度方向性能问题，图中纵骨上侧间隙较小，因此可按照常规焊接方式处理。由于下侧间隙较大，所以采用了全熔透方式进行焊接，肋板较厚、整体焊接量较大，其产生的收缩应力导致纵骨发生厚度方向的撕裂，这种开裂现象相对非常少见。

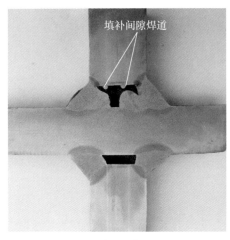
a) 宏观金相

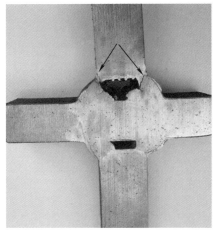
b) 拉伸断裂

图 6-28　十字接头模拟焊接试验

6.4.3　预防措施

预防熄弧裂纹主要在操作手法上，如果存在超标间隙（≤2mm 为标准间隙），可采取小电流、小摆动幅度立向上焊接，并在熄弧时适当停留，补充熔敷金属，即可避免弧坑收缩结晶裂纹。

靠近肋板侧的焊趾裂纹，最主要的是按要求正确处理装配间隙 a，这个要求与 6.2 节平角焊焊趾纵向裂纹相同。按中国造船质量标准，当装配间隙超过 3mm，则增大焊脚尺寸；当装配间隙超过 5mm 时，则开坡口视作全熔透焊缝处理，可在背面贴陶瓷衬垫先从正面焊接，背面去除衬垫后碳弧气刨清根再进行封底焊接。

预防的结构趾端裂纹同样需按要求处理装配间隙，且在结构趾端包角焊时两侧的焊缝必须重叠，形成良好的搭接熔合，必要时可以适当增大趾端位置的焊脚尺寸；同时，由于趾端也是熄弧位置，收弧时适当停留，避免出现的缩孔和裂纹成为初始起裂源。

6.5 立向下角焊缝纵向裂纹

6.5.1 裂纹特征

角焊缝 FCAW 立向下焊接（以下简称下行焊）由于熔池流动性好，必须采用较快的速度且不得摆动的方式向下焊接，因此，焊接热输入小（单道热输入小于 1kJ/mm），易产生根部未焊透、两侧熔合不良、热影响区硬度过高等，同时也容易产生焊缝中心纵向裂纹，尤其是装配间隙 a 较大的情况，如图 6-29 所示。下行焊裂纹位于焊缝中心，大多可肉眼观察到，有些发生在局部位置，如图 6-29a 所示，有些较短、断续存在、开口较小，如图 6-29b 所示，有些裂纹较长、开口较大，如图 6-29c 所示。裂纹不局限于特定的板厚、材质，对间隙更为敏感。

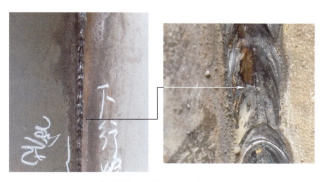

a) AH32，t=15mm，a=5mm

b) A，t=8，a=3mm　　　c) AH36，t=12，a=3.5mm

图 6-29　下行焊焊缝中心裂纹

图6-29c试样接头采用的焊接参数为：焊接电流为230A，电弧电压为29V，焊接速度为44cm/min。对其裂纹进行宏观和微观组织观察，宏观金相显示焊缝金属向两侧铺展，呈非常明显的内凹状态，深度达到4mm，导致实际焊喉尺寸只有2～3mm。裂纹位于两侧柱状晶汇合位置，柱状晶细长，裂纹边界不平滑，靠近根部的端部为先共析铁素体边界，焊缝组织由先共析铁素体和针状铁素体组成，粗晶区以板条马氏体为主（见图6-30e右侧）。从裂纹宽度判断，裂纹由表面向根部扩展。取图6-30b裂纹的纵向断面观察，裂纹大部分贯穿整个焊缝厚度（见图6-31），并未发现如图5-5所示带衬垫打底裂纹的氧化色，应与焊接的热输入小、高温停留时间短有关。

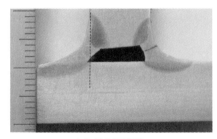

a) 宏观金相试样

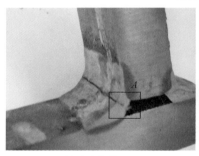

b) 宏观金相

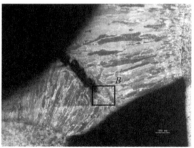

c) A处微观组织，×25

d) B处微观组织，×200

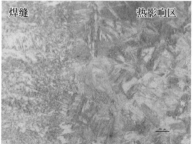

e) A处微观组织，×500

图6-30 裂纹宏观及微观组织

图 6-31　裂纹纵向断面

6.5.2　原因分析及预防措施

FCAW 下行焊焊缝中心裂纹属于结晶裂纹，与平角焊焊缝中心裂纹相似。不同的是下行焊焊缝熔深较浅，虽然不会造成焊缝成形系数过小，但会形成过度内凹，相当于增加了焊缝的拘束度，同时焊缝厚度减薄，不足以承受由于热输入量较小的快速收缩应变，从而增大了结晶裂纹发生的风险。

预防 FCAW 下行焊焊缝中心裂纹，最主要的是控制装配间隙。装配间隙增大不仅会导致根部未熔合（见图 6-30a 左侧焊缝），还会使焊喉厚度降低，抵抗能力下降，裂纹产生的风险增加。对于大多数药芯焊丝，间隙控制在 2mm 以内，则基本上可以预防裂纹。另一种预防措施是采用 GMAW 焊接方法，选用实芯焊丝和金属粉芯焊丝，也是目前国内船舶企业应用较多的方式。采用 GMAW 方法，焊接电流较小，一般采用短路过渡方式，焊接速度相对于药芯焊丝低，焊缝较为饱满，不会出现内凹现象，抗裂性自然提高。需要注意的是，采用金属粉芯焊丝，同样会有与药芯焊丝相同的问题，即根部熔深不足。

6.6　纵骨流水线平角焊缝裂纹

6.6.1　裂纹特征

国内很多大型船厂配置了多电极气体保护焊专用流水线装备用来焊接纵骨与大板的平角焊，有双面单丝和双面双丝两种形式。焊接电流一般在 250～400A，双面双丝的焊接速度根据焊脚尺寸在 150cm/min 以内。焊丝采用抗底漆性能较好的铁粉型药芯焊丝（AWS A5.20 E70T-1C），焊丝采用 ϕ1.4mm 或 ϕ1.6mm 规格。比较典型的焊枪布置方式如图 6-32 所示。这种焊接方式每次可以同时焊接 4~7 根纵骨角焊缝，焊接速度快，效率高，焊接质量良好。虽然如此，偶尔也会发现一种局部焊缝中心纵向裂纹，如图 6-33 所示。裂纹开口大，肉眼观察非常明显，刨开后发现装配间隙较大，如图 6-34 所示，其中左侧为裂纹对应的较大间隙（约 4mm）的位置，右侧为非裂纹对应位置。

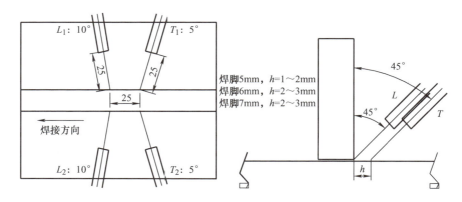

图 6-32　双面双丝焊枪布置

图 6-33　焊缝中心纵向裂纹

图 6-34　裂纹刨开后

6.6.2 裂纹原因及预防措施

纵骨流水线焊缝中心裂纹与 6.2 节平角焊中心纵向裂纹产生原因相同，主要是由于纵骨流水线前丝焊接电流大（大都超过 300A），在无装配间隙的情况下焊接熔深都能达到 2~4mm，如果平角焊接头存在较大装配间隙，不仅熔深增加、熔敷金属不足引起焊缝表面内凹，最终的结果则是焊缝成形系数减小，从而产生焊缝中心纵向裂纹。

预防纵骨流水线平角焊裂纹的最佳方式是控制装配间隙，不仅可预防裂纹，也有利于提高效率和降低耗材成本。装配间隙的增加（不管是局部还是整体），必然需整体降低焊接速度，因为装配间隙较大的位置可能使焊脚尺寸达不到设计要求，所以需要增加修补工序，更加影响效率。如果装配过程中局部间隙很难控制在标准范围内，则应对于局部存在较大装配间隙的位置提前采用填补间隙的方式进行打底焊接，基本上可以避免裂纹的产生。

6.7 立角焊缝修补裂纹

6.7.1 裂纹特征

某成品油轮产品在搭载阶段，纵横槽壁分段（见图 6-35）的搭接立角焊缝

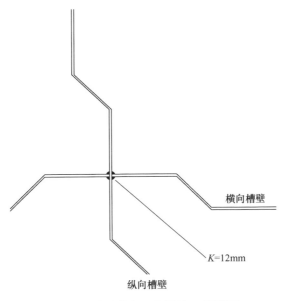

图 6-35 槽壁分段立角焊缝（俯视图）

在进行 MT 检测时，发现立角焊缝存在较多表面微裂纹，如图 6-36 所示。有些裂纹为单条横向，有些裂纹为密集横向，位于焊趾附近，如图 6-36a、b 所示；有些为纵向，与焊趾方向平行，如图 6-36c 所示；有些裂纹为横向，位于焊缝中部，如图 6-36d 所示。裂纹均很难用肉眼观察到，大部分裂纹长度为 1~4mm。纵横槽壁板厚为 16~18mm，为 AH36 级钢，立角焊缝采用半自动或自动角焊小车进行焊接，采用的药芯焊丝型号为 AWS A5.20 E71T-1C，焊接时环境温度为 25~32℃。大部分裂纹深度很浅，可通过打磨去除，但整条立角焊缝经过检测对发现的裂纹打磨去除后，进行二次检测时，仍然会发现其他位置又出现了新的裂纹。

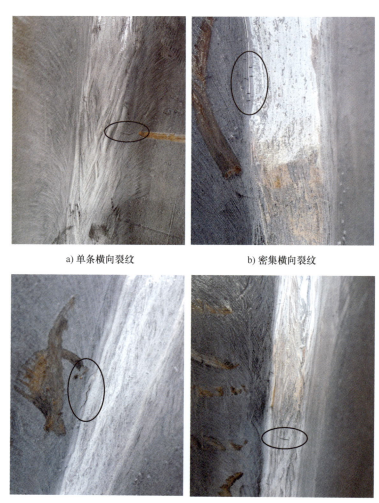

a) 单条横向裂纹　　　　　　　b) 密集横向裂纹

c) 纵向裂纹　　　　　　　d) 焊缝中部横向裂纹

图 6-36　立角焊缝裂纹

6.7.2 原因分析

在处理裂纹过程中，对于一些打磨较深的位置采用了 FCAW、焊条电弧焊（焊条型号 E5018-1）常规工艺进行修补，修补后未发现裂纹；对于尚未焊接的槽壁立角接头采用半自动或自动 FCAW 焊接后，进行打磨并进行 MT 检测，也未发现类似裂纹。由于成品油轮货舱区需要进行特殊涂装，因此，周界的焊缝表面要求很高，需要焊缝与母材间圆滑过渡，以保证涂装质量，槽壁的立角焊缝如果有咬边或者纹路较深，就需要进行修补，因此，初步怀疑是不恰当的修补方式导致了裂纹的产生。

经现场实际调查，发现立角焊缝采用 FCAW 下行焊修补较为普遍，因为下行焊方式焊缝薄、两侧过渡光顺，后续的打磨工作量最小，还有些局部位置由于咬边较短，采用了点焊修补。点焊以及下行焊的突出特点是热输入小，冷却速度快，焊缝及热影响区出现淬硬组织的倾向增大。根据百合冈信孝的预测，焊接热影响区最高硬度 $H_{\max}$ 见式（6-1），硬度主要与碳当量和冷却速度 $t_{8/5}$ 有关。

$$H_{\max} = 442C + 99CE_{II} + 206 + (402C + 90CE_{II} + 80)\arctan X \quad (6-1)$$

式中：

$$X = (\log t_{8/5} - 2.3CE_{II} - 1.35CE_{III} + 0.882)/(1.15CE_{I} - 0.673CE_{III} - 0.601)$$

$$CE_{I} = C + Si/24 + Mn/6 + Cu/15 + Ni/12 + Cr/8 + Mo/4 + \triangle H$$

$$CE_{II} = C + Si/24 + Mn/5 + Cu/10 + Ni/18 + Cr/5 + Mo/2.5 + V/5 + Nb/3$$

$$CE_{III} = C + Mn/3.5 + Cu/20 + Ni/9 + Cr/5 + Mo/4$$

$\triangle H$ 为 B 的影响因子，当 $B \leq 1\text{ppm}$（$1\text{ppm} = 10^{-6}$），$\triangle H = 0$；当 $B = 2\text{ppm}$ 时，$\triangle H = 0.03 f_N$；当 $B = 3\text{ppm}$ 时，$\triangle H = 0.06 f_N$；当 $B = 4\text{ppm}$ 时，$\triangle H = 0.09 f_N$。f_N 表示 N 对 B 的淬硬性的影响，$f_N = (0.02 - N)/0.02$，冷却速度 $t_{8/5}$ 目前常用二维导热和三维导热两种分析见式（6-2）、（6-3）计算，主要与热输入、板厚有关，接头类型、焊接方法会影响实际热输入。热输入越小，板厚在有限范围内越大，冷却速度越快，硬度也就越高。

二维导热：
$$t_{8/5} = (0.043 - 4.03 \times 10^{-5} T_0) \frac{Q_v^2}{h^2} \left[\left(\frac{1}{500 - T_0}\right)^2 - \left(\frac{1}{800 - T_0}\right)^2\right] F \quad (6-2)$$

厚板：
$$t_{8/5} = (0.67 - 5 \times 10^{-4} T_0) Q_v \left[\frac{1}{500 - T_0} - \frac{1}{800 - T_0}\right] F \quad (6-3)$$

式中 $Q_v = \eta \cdot E$，$E = IU/v$；

Q_v——实际的热输入量（J/cm）；

I——焊接电流（A）；

U——电弧电压（V）；

v——焊接速度（cm/s）；

T_0——焊件初始温度（℃）；

h——板厚（mm）；

F——焊接接头形状修正系数；

η——电弧有效利用系数。

对于实际硬度值可以通过试验进行显微硬度测量，本文提供碳当量 $Ceq_{(IIW)}$ 为 0.37% 的 FCAW 下行焊和点焊的接头硬度值，如图 6-37a 和图 6-37b 所示，显示的

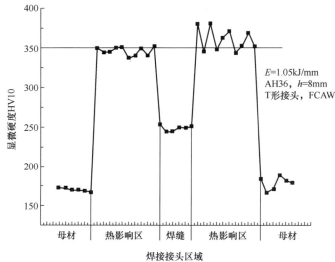

a) 下行焊

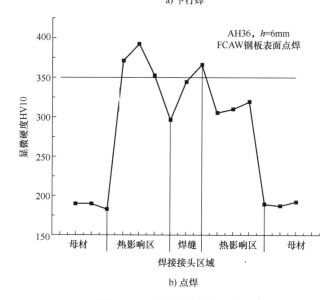

b) 点焊

图 6-37　下行焊及点焊显微硬度

硬度最高值均超过了船级社规范规定的 350HV10。因此，本案例中槽壁立角焊采用下行焊和点焊修补，然后再进行打磨，表面焊缝被磨掉后，部分热影响区成为焊缝表面，由于热影响区淬硬组织的存在，产生裂纹的概率会显著提高，且方向不固定，纵、横向均有可能存在。后续采用立向上修补且修补长度达到标准要求的长度，则热影响区及焊缝硬度会降低，基本上没有表面裂纹的产生。

6.7.3 预防措施

船舶建造过程中点焊比较常见，尤其是一些吊码、工装拆除后由于气割或碳弧气刨操作不当导致母材局部损伤，在修补时为了减少打磨工作量，焊工经常采用点焊修补的方式；下行焊修补主要发生在立角焊缝上，因为立向上焊接速度慢、焊缝厚，操作不当又容易引起新的咬边，所以常采用下行焊修补。以上分析已经说明，两种方式由于热输入过低导致热影响区和焊缝产生淬硬组织，为后续开裂提供了条件。

为避免这种表面裂纹的产生，中国造船质量标准也做了明确的要求，见表 6-3。在拆除吊码、工装等物件时，先采用火焰或等离子切割并留有一定高度的残根（2mm 以内），再采用机械或手工打磨的方式去除残根，对于确实存在的凹坑，优先采用打磨的方式，使其与周边母材圆滑过渡，如果深度能够满足标准要求，则不必再焊接修补。

表 6-3 短焊缝（定位焊缝、修补焊缝）的焊缝长度要求

项目		标准范围	允许极限/mm
定位焊缝以及损伤修补焊缝	高强度钢、铸钢、以 TMCP 状态交货的高强度钢（Ceq>0.36%）、低温用钢（Ceq>0.36%）	—	≥50
	一般强度的 E 级钢		≥30
	以及 TMCP 状态交货的高强度钢（Ceq≤0.36%）、低温用钢（Ceq≤0.36%）		≥10
焊接部位修补焊缝	高强度钢、铸钢、以 TMCP 状态交货的高强度钢（Ceq>0.36%）、低温用钢（Ceq>0.36%）	—	≥50
	一般强度的 E 级钢		≥30
	以及 TMCP 状态交货的高强度钢（Ceq≤0.36%）、低温用钢（Ceq≤0.36%）		

注：1. 当焊道长度小于允许值时，应进行（100±25）℃预热，否则应打磨去除短焊缝，并确认无裂纹后，再焊接到允许值以上。
2. 碳当量 Ceq 按国际焊接学会公式计算。

第7章

多层多道焊裂纹案例

7.1 T形接头坡口焊缝打底裂纹

7.1.1 裂纹特征

船体结构中T形接头或角接接头由于受力要求设计为深熔焊或全焊透,腹板端坡口角度大多为40°~50°。对于这种节点的横焊或平焊位置正面第一道焊、背面第一道焊,焊缝中心产生裂纹的概率增加,如图7-1所示,对应的焊接参数见表7-1,焊丝型号ER70S-6、ϕ1.2mm,保护气体为80% Ar + 20% CO_2。裂纹在焊缝表面大部分不可见(熄弧位置可见),从宏观金相看,裂纹位于两侧熔池结晶的汇合部位,通过外力打开1#试样的裂纹断面,可以看到表面存在氧化色。

观察1#试样裂纹的微观组织,裂纹沿着焊缝中心位置产生,边缘不平整,两端圆钝,无尖锐角度,属于典型的结晶凝固裂纹,如图7-2所示。对图7-2中裂纹断口金相SEM观察,表面生锈严重,中部为原基体表面光滑,黏附着细小的氧化颗粒,周边为锈迹,如图7-3、图7-4所示。

表7-1 打底第一道焊接条件

试样编号	板厚/mm	焊接电流/A	电弧电压/V	焊接速度/(cm/min)	坡口形式	间隙/mm	操作方式
1#	30	330	32.8	25	双面坡口45°,钝边3mm	2	手工操作
2#	30	332	33	36	双面坡口45°,钝边10mm	0	机器人操作
3#	15	332	33	36	单面坡口45°,钝边5mm	0	机器人操作

第7章 多层多道焊裂纹案例

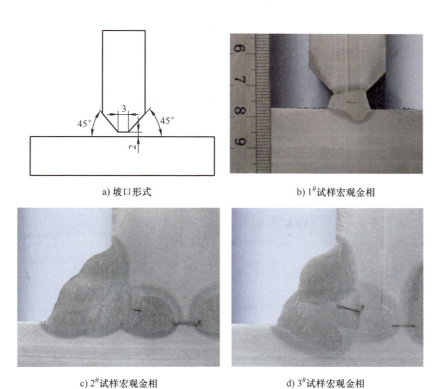

a) 坡口形式   b) 1#试样宏观金相

c) 2#试样宏观金相   d) 3#试样宏观金相

图 7-1 坡口焊缝打底裂纹

a) 1#试样裂纹，×25

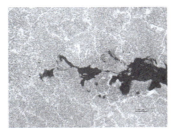 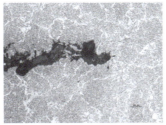

b) 裂纹左端，×200   c) 裂纹右端，×200

图 7-2 1#试样裂纹断口

图 7-3　1#试样裂纹断口

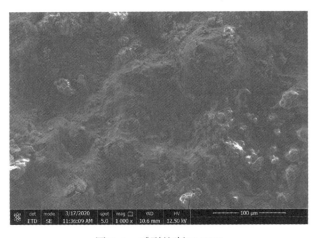

图 7-4　1#裂纹断口 SEM

7.1.2　原因分析

T形接头坡口焊缝打底焊道的中心纵向裂纹属于典型的结晶凝固裂纹,因为坡口角度的限制,所以在打底焊接时,如果电流过大,则会造成熔敷金属堆积过多,形成"梨"形焊缝。由于焊缝宽度与深度的比例只达到0.52（见图7-1b）,远小于1,因此焊缝的拘束度增加,熔池两侧结晶汇合面的低熔点杂质的偏析程度增大,从而导致凝固热裂纹产生。

7.1.3　预防措施

坡口焊缝打底焊接裂纹不仅见于气体保护焊T形接头,厚板埋弧焊的打底焊也会因为打底焊接电流过大、速度过快导致焊缝成形系数降低而产生裂纹。

预防打底焊缝裂纹常用的有效方法是适当降低焊接电流、焊接速度,从而减少焊缝的熔深和厚度,增大焊缝成形系数。

改变坡口形式也可改善焊缝形状,如增大坡口角度,根部加工成 U 形或 J 形坡口。增大坡口角度不适合多层多道的厚板接头,因为增加了填充量,但比较适合单道焊的平位置焊,如 X 形坡口埋弧焊的背面,增大坡口角度可以增加熔深以及焊缝表面宽度,不仅可以采用大电流、省去背面碳弧气刨工序来提高效率,同时避免了裂纹的产生。增大坡口角度不适合横位置焊接,因为横位置焊接熔池由于重力作用会发生下坠,所以不可能采用大电流的方式来提高效率,反而增加了坡口填充量。根部加工成 U 形或 J 形坡口,既可以保持原有坡口角度甚至减小坡口角度,同时增大了打底焊道的宽度,适合于厚板焊接以及背面碳弧气刨清根后的打底焊接。

7.2 厚板 T 形接头焊趾裂纹

7.2.1 裂纹特征

某海洋工程钢结构为厚板框架式密集结构,板厚为 60~100mm 之间,材质级别为 ASTM A572 GR50,焊接接头大都为全熔透双面坡口,部分加强筋为填角焊缝,如图 7-5 所示。

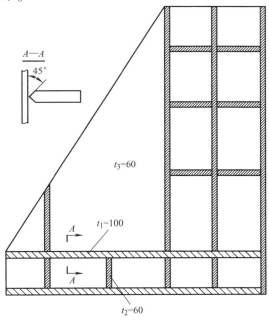

图 7-5 结构平面图

在冬季施工过程中进行检测时,发现 T 形接头靠面板侧焊趾位置出现了 50 多处裂纹,有些裂纹为整条焊缝都存在,有些为局部断续存在,裂纹开口很小,肉眼需仔细观察才能发现,部分需要借助于表面无损检测方式才能发现,如图 7-6 所示。

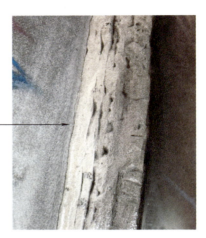

a) T 形焊趾裂纹

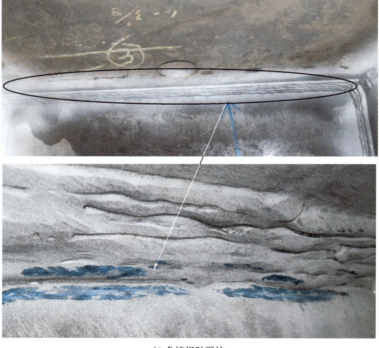

b) 角接焊趾裂纹

图 7-6　焊趾裂纹

裂纹深度不一，有些只有 1～4mm，有些扩展到母材内部，有层状撕裂现象，也有些裂纹由焊趾扩展到焊缝内部，如图 7-7 所示，还发现裂纹由焊趾扩展到焊缝表面，如图 7-8 所示。同一时期制作的两个同类结构，其中一个在完成去应力热处理后发现裂纹，对另一个尚未进行热处理的结构焊缝进行磁粉检测，同样发现了类似裂纹。裂纹大部分位于图 7-5 中下段结构焊缝中，焊接位置为横焊或横角焊，立焊未发现裂纹，有些出现裂纹的焊缝施工时为立焊，后经核实，为了焊缝成形美观，将结构翻转至横角焊位置进行盖面。

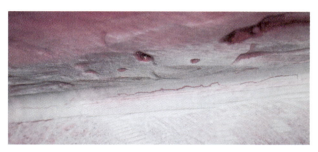

a) 打磨一定深度后渗透检测

b) 碳弧气刨至母材内部

图 7-7　焊趾裂纹内部形态

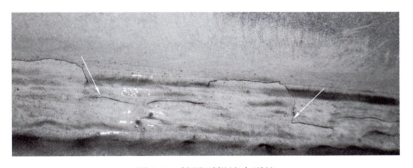

图 7-8　扩展到焊缝中裂纹

对尚未进行热处理的结构出现的裂纹进行返修后，再次进行磁粉检测时，发现虽然返修的位置没有裂纹，但附近以及一些未返修的焊缝又出现了新裂纹，说明裂纹存在一定的延迟性；已经进行热处理的结构返修后，发现有新裂纹，但相对较少。返修时，在原焊接工艺的基础上制定返修焊接工艺，如应采用的焊丝品牌、直径大小、焊接参数等，并经过现场监督实施，返修后经不同滞后时间检测也未发现裂纹，说明制定的返修焊接工艺是合理的。

检查钢板及原焊接用焊丝的材质书，符合标准要求。其中钢板交货状态为TMCP，属于高强度低合金铌钒结构钢板，焊丝型号为A5.20 E71T-1C，其化学成分及力学性能分别见表7-2、表7-3。

表7-2 钢板及焊丝化学成分（质量分数） （%）

材料	C	Mn	Si	P	S	Cu	Ni	Alt	Cr	Nb	V	Ti	Mo	B	备注 Ceq	备注 P_{cm}
钢板（60mm）	0.16	1.42	0.32	0.017	0.0026	0.03	0.02	0.027	0.04	0.025	0.035	0.014	0	0	0.415	0.249
钢板（100mm）	0.16	1.45	0.35	0.02	0.0025	0.04	0.02	0.033	0.08	0.030	0.038	0.013	0	0	0.429	0.254
焊丝（φ1.6）	0.035	1.27	0.51	0.01	0.007	0.022	0.062	0	0.017	0	0.04	0	0	0	0.26	0.12

表7-3 钢板及焊丝力学性能

材料	屈服强度/MPa	抗拉强度/MPa	伸长率（%）	冲击吸收能量平均值/J（20℃）
钢板（60mm）	465	615	32	202
钢板（100mm）	401	580	26	299
焊丝（φ1.6mm）	465	540	27	110（-30℃）

7.2.2 原因分析

根据裂纹出现的位置以及延迟特征，可以判定这种焊趾裂纹属于冷裂纹。低合金结构钢产生的焊趾冷裂纹主要与热影响区淬硬组织、扩散氢含量、接头拘束度有关，可以用冷裂纹敏感性公式（7-1）表示。

$$P_H = P_{cm} + 0.075\log[H] + \frac{R}{400000} + a_0 \tag{7-1}$$

式中　[H]——扩散氢含量；

P_{cm}——冷裂纹敏感系数；

R——拘束度（MPa）；

a_0——坡口形式修正值，半 V 形坡口为 0.015，Y 形坡口或 X 形坡口为 0.060，V 形坡口为 0.025。

先从拘束度分析，整个结构板厚、结构密集、刚度大，很多接头为全熔透焊缝，需要一侧焊接完、另外一侧清根后再焊接。为了防止变形，整个结构大部分零件均是整体装配完成后再统一进行焊接，造成整体接头处于拘束度较大的状态，尤其是碳弧气刨清根后焊接。

冷裂纹敏感系数 P_{cm} 由钢板的化学成分计算而得，根据表 7-2 的成分计算值可以初步评估钢板属于焊接性适中、淬硬倾向不高的材料，再根据板厚条件适当预热及保证层间温度（工艺要求预热温度最低 110℃），一般较少出现淬硬组织。分析钢板的组织，表面由层状铁素体、少量贝氏体和珠光体组成，心部以块状铁素体和珠光体为主，均属于较为正常的组织类型，如图 7-9 所示。产生淬硬组织的另一因素是冷却过快，这是裂纹产生的一个重要因素。从本案例中立焊基本上未发现裂纹、横焊或平角焊出现大量裂纹的情况看，可能存在未有效预热的情况。立向上焊焊接热输入大，横焊热输入小，如果均未有效预热，则横焊或平角焊冷却速度远高于立焊。经过现场调查了解，预热采用火焰方式进行，施工人员未能充分按照工艺执行预热，均是火焰稍微烘烤一下就进行焊接，中途也没有保持足够的层间温度，对于一些立焊转为平角焊盖面时，均未进行预热。再考虑到施工时期为冬季，环境温度为 5~15℃，将加剧接头热影响区的冷却速度，增大了淬硬组织的比例。这个因素在后续返修时得到证明，如果按规定进行预热并连续焊接，保持不低于预热温度，返修的焊缝基本上不会产生裂纹。

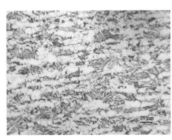 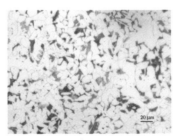

a) 表面，×500　　　　　　　　b) 心部，×500

图 7-9　钢板微观组织

扩散氢来源于焊接材料、环境中的水分在电弧的高温下分解成氢和氧。由于氢以离子状态存在，能被液态的焊缝金属大量吸收，在冷却过程中，一部分氢析出，第一部分氢以过饱和形式存在于焊缝金属中，并在与母材原始氢含量较低的情况下存在浓度梯度，而后逐渐向热影响区扩散。对本案例中的药芯焊丝进行氢含量测试，通过水银法检测，结果平均值为 4.3mL/100g，属于低氢焊材。但对于厚板接头，需要多层多道焊接，焊缝中的氢含量不断累积，并在某个区域浓度最高，这个区域一般位于表面向下焊缝厚度的 1/4~1/2。由于了解到焊前及焊接过程中接头温度较低，冷却速度过快，将会减少氢含量的溢出，造成焊缝中扩散氢的含量高于检测值，成为裂纹延迟扩展的主要因素；另外，为了提高焊接效率，焊丝规格选用 φ1.6mm，由于是手工操作，所以选用大规格的药芯焊丝并不常见。从熔敷速度的角度分析，也就意味着需要大电流才能达到提高效率的目的，从图 7-9 焊缝中的裂纹可以看出，部分焊缝组织并不具备足够的裂纹扩展抵抗能力。

综合以上分析，在拘束度非常大的结构中，由于预热及焊接过程未能保持一定的温度，所以焊缝冷却过快，造成热影响区出现淬硬组织是裂纹产生的主要原因。同时未有效预热也造成了拘束度的增加、扩散氢含量的累积增加，助长了裂纹的产生。

7.2.3 处理方案

由于返修后随着时间的推移，部分未返修的区域又出现了新的焊趾裂纹，因此对于返修方案需要充分评估。本案例中，整个结构在焊接完成后需要整体进行去应力热处理，在释放应力之后，有可能也会产生新的裂纹。因此，对于尚未热处理的结构先全面进行检测，包括 UT 和表面检测，对出现焊趾裂纹的焊缝整条焊趾区域进行碳弧气刨，深度以完全去除裂纹的位置深度为准，并进行磁粉或渗透检测，确认裂纹已清除，然后再进行焊接返修。整个焊接过程，包括碳弧气刨、焊接，均需要预热，焊接过程中保持一定层间温度（不低于预热温度），并连续焊接，焊接过程不中断，焊接完成后覆盖保温棉适当进行缓冷、消氢。热处理过程基本可消除过高的残余应力，使残余应力达到一个稳定均匀的较低水平，同时促使焊缝中 90% 以上的扩散氢得到溢出。对于热处理后的焊缝如果还出现裂纹，很有可能是焊道内部裂纹扩展到表面，同样按照相同的返修工艺进行焊接修补，并对修补的位置进行局部去应力热处理。

7.2.4 预防措施

预防厚板多层多道焊的焊趾裂纹，需要从工艺的制定和过程控制、母材的选择、焊接材料的选择等方面来降低扩散氢含量，减少淬硬组织，降低拘束度。

（1）工艺的制定及过程控制　预热温度根据母材的碳当量、板厚，并经过工艺评定确定，但对于现场施工要求，需考虑到环境温度的变化，如冬季气温较低或结构刚度较大、焊接量大的情况时，应适当提高预热温度。预热的范围根据拘束度情况适当扩大，保证接头周围 100~200mm 范围内均匀受热，减少拘束应力。预热最好采用电磁感应或履带式陶瓷电加热器进行，测量温度应以接头背面的温度为准。采用电器类加热设备还可以在焊接完成后，适当增加加热的时间，加速氢的溢出，降低焊缝中扩散氢含量。

对于厚板焊接，更应严格按照工艺规程规定的参数范围执行，不得随意提高或减小焊接热输入，尤其是焊接电流的控制。太原理工大学孙咸研究表明，焊缝中扩散氢含量随着焊接电流的增大而增加，因为焊接电流增加，熔滴细化，细熔滴吸收的氢多，所以进入熔池中的氢总量增多，气孔倾向大。厚板多层多道焊容易造成扩撒氢的累积，导致开裂风险增加，因此防止氢含量的增加是厚板焊接时的主要关注点。

焊接顺序需合理安排，尽量先将零件组焊成部件，再将各部件组成整个结构，避免整体装配造成所有焊缝的拘束度增大，尤其应将重要焊缝先进行焊接，减少重要焊缝失效带来的高风险。对于腹板双面坡口焊接，在一侧焊接到 2/3 坡口时，则可以在背面进行碳弧气刨清根、完成背面焊接，然后再进行正面焊接，这样可适当平衡两侧的应力，减少层状撕裂的风险。

（2）材料的选择　本案例中部分厚板接头发生了层状撕裂，因此，对于这种高拘束接头所用的钢板宜采用 Z 向钢，提高厚度方向上的抗应变能力。

焊接材料应采用超低氢材料，且应在使用过程中注意防止受潮。对位于海边或江边的船舶厂来说，潮湿的天气会占据大部分时间段，因此，如果进行厚板焊接，焊丝的出库、未使用完焊丝的重新入库需管理到位，如果使用焊条、焊剂还需严格按照要求进行烘干以及使用后的回收入库、重新烘干，在采取上述预热措施下，焊接材料的水分含量是焊缝中氢含量的主要来源，必须严格控制在最低水平。

7.3　厚板对接缝横向裂纹

7.3.1　裂纹特征

某民营船舶公司海洋工程钢结构产品，搭载阶段的厚板焊缝在进行横向缺陷 UT 检测时，发现密集横向缺陷信号显示，如图 7-10 所示。采用碳弧气刨方式进行焊缝去除，到达 UT 信号显示位置后，再采用 MT 和 PT 检测，确定为横向裂纹缺陷，如图 7-11 所示。UT 检测是采用探头骑着焊缝表面上沿着焊缝长度方向进行，缺陷信号密集，标记出来的位置显示如同梳子一样，距离大致相同，深度大部分为 15~25mm（从焊缝表面向下）。裂纹缺陷只能在探头前进方向与焊缝焊接方向相同时才能检测出来，逆方向检测无信号显示，从图 7-11c 可以看出，裂纹与焊缝轴线方向约呈 45°，并非与焊缝轴线垂直，这也是单方向才能检测到的原因。无损检测时也发现裂纹不在中心,而是在两侧或单侧位置。

图 7-10 横向缺陷显示(白色标记)

a) PT 检测显示

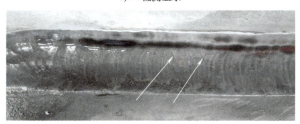

b) MT 检测显示

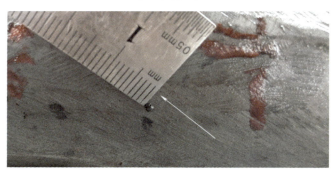

c) MT 检测显示(裂纹清除后,一侧残留的裂纹)

图 7-11 横向裂纹表面检测显示

合拢焊缝的钢板材料为 40mm 厚 AH420 钢,焊缝长度为 7~14m。接头采用单面 V 形坡口,坡口角度 40°,间隙 6~12mm。焊接方法为 FCAW 带陶瓷衬垫打底 1 层并填充 2~3 层,焊缝厚度约 15mm,采用埋弧焊填充盖面。FCAW 所用焊接材料型号为 A5.29 E81T1 - K2C、ϕ1.2mm，埋弧焊用焊接材料 A5.23 F8A4 - ENi5 - Ni5、ϕ4.0mm。所采用的钢板、焊接熔敷金属化学成分及力学性能见表7-4、表7-5。经检测所用药芯焊丝和埋弧焊接材料熔敷金属的扩散氢含量分别为 7.8mL/100g 和 3.26mL/100g（水银法）。

表7-4 钢板及焊丝化学成分

材料	化学成分（质量分数,%）													备注	
	C	Mn	Si	P	S	Cu	Ni	Alt	Cr	Nb	V	Ti	Mo	B	Ceq	P_{cm}
钢板	0.091	1.61	0.23	0.010	0.001	0.009	0.006	0.035	0.027	0.032	0.035	0.016	0.005	0	0.37	0.183
药芯焊丝	0.028	1.35	0.24	0.009	0.006	0	1.79	0.019	0.012	0	0.015	0	0.009	0	0.38	0.136
埋弧焊丝	0.095	1.30	0.15	0.014	0.003	0.014	1.08	0	0	0	0	0	0.26	0	0.44	0.201

表7-5 钢板及焊丝力学性能

材料	屈服强度/MPa	抗拉强度/MPa	伸长率（%）	冲击吸收能量平均值/J
钢板	488	590	24	290（0℃）
药芯焊丝	566	615	26	72（-60℃）
埋弧焊丝	517	601	29	104（-40℃）

7.3.2 裂纹重现模拟试验

（1）试验方案 为了能够更进一步分析裂纹的成因，模拟现场部分条件进行对比试验。采用钢结构相同级别和厚度的钢板进行现场还原试验及工艺验证试验，在底板（厚40mm×宽1000mm×长2000mm）上采用3块试板（厚40mm×宽200mm×长1000mm）进行焊接对比试验，3块试板四周进行焊接固定，模拟现场拘束，如图7-12所示。采用与现场同牌号、同规格的焊接材料。

两条焊缝同时采用 FCAW 方法打底、填充，共焊接4层，焊缝厚度 14～15mm；1#焊缝在 FCAW 焊接完成后，采用正常工艺使用埋弧焊填充盖面；2#焊缝焊接电流提高，层道数减少，同时模拟现场泡水、焊剂未烘干、焊接过程不控制层间温度，并在第二天进行焊接，焊前采用火焰进行烘干，先采用埋弧焊在两端焊接拘束焊缝（见图7-13），然后采用埋弧焊填充盖面。

（2）试验过程 按照设计好的方案进行焊接试验，实际过程的焊接参数见表7-6和表7-7，焊缝层道数布置如图7-14所示。

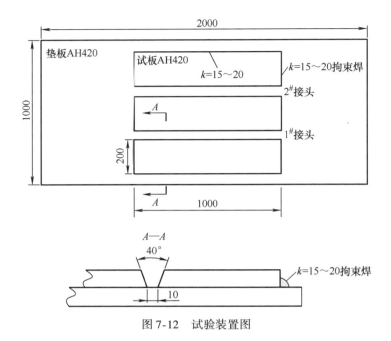

图 7-12 试验装置图

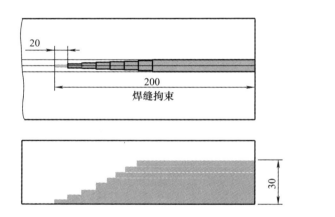

图 7-13 2#接头两端拘束焊

表 7-6 1#接头焊接参数

焊道	焊接方法	焊接电流/A	电弧电压/V	焊接速度/(cm/min)	道间温度/℃
1	FCAW	200	25.6	14.8	26
2~4	FCAW	280	30.6	16.7~25	45~88
5	SAW	665	28.6	26	42
6~21	SAW	660~740	29~31	21~30	82~149

表 7-7 2#接头焊接参数

焊道	焊接方法	焊接电流/A	电弧电压/V	焊接速度/（cm/min）	道间温度/℃
1	FCAW	220	28.2	16.7	85
2~4		354~360	40	22.9~31	99~139
5	SAW	740	33.1	15	53
6~17		670~750	30~34	16~25	92~158

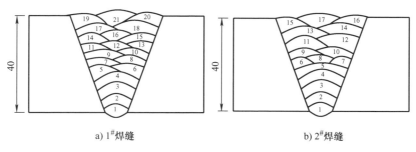

a) 1#焊缝　　　　　　b) 2#焊缝

图 7-14　焊缝层道布置

（3）检测结果　焊接完成后先采用基本扫查方式（探头与焊缝垂直）进行检测，结果 1#焊缝无缺陷，2#焊缝 2 处缺陷，然后再采用横向缺陷扫查（探头骑在焊缝上与焊缝长度方向平行）进行检测。第一次检测结果 1#焊缝无缺陷显示，2#焊缝显示 2 处缺陷，但与基本扫查焊缝方法显示的缺陷位置相同（后经验证为气孔）。后续每隔 24h 检测一次，2#焊缝共发现 14 处缺陷显示，见表 7-8，缺陷布置如图 7-15 所示。缺陷显示深度在焊缝表面（余高 2mm）向下 15~18mm。

表 7-8　焊缝检测结果（横向缺陷扫查）

焊缝	第一次 UT 检测（焊接后）		第二次 UT 检测（焊接后）		第三次 UT 检测（焊接后）	
	时机/h	结果	时机/h	结果	时机/h	结果
1#	24	合格	48	合格	72	合格
2#	5（冷却至室温2h 后）	2 处缺陷	24	12 处缺陷	48	14 处缺陷

图 7-15　检测缺陷布置图

(4) 裂纹宏观及微观特征 选取 2# 焊缝上缺陷密集显示的 2 个位置区域进一步分析。从板面向下 13mm 位置开始发现横向裂纹，可见裂纹主要位于埋弧焊焊缝中，如图 7-16 所示。A 区域裂纹只发生在一侧焊缝、靠内侧（靠近整个坡口焊缝中心侧），B 区域裂纹两侧焊缝均有裂纹产生，但也都靠近内侧。虽然是横向裂纹，但裂纹在水平面上的方向与单道焊缝中心呈一定角度，且 <90°。对图 7-16b 中箭头所指裂纹进行水平面及纵剖面裂纹微观组织观察，分别如图 7-17、图 7-18 所示。水平位置观察裂纹，长度约 3mm，裂纹开口非常小，末端尖细，有时很难判断末端的最终位置。纵剖面观察裂纹，高度约 2.7mm，裂纹向下扩展，方向与水平面呈 45°。焊缝组织以先共析铁素体和针状铁素体为主，裂纹既有沿先共析铁素体边界扩展，也有穿过原奥氏体内部扩展。

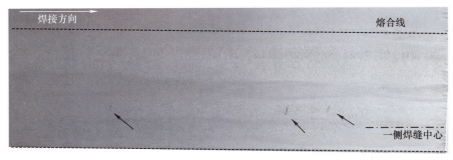

a) A 区域裂纹（3处）

b) B 区域裂纹（6处）

图 7-16 裂纹宏观显示

(5) 裂纹断面电镜扫描 对图 7-18 所描述的裂纹断面（左右分别为 A 和 B 侧）进行 SEM 扫描，如图 7-19 所示。裂纹断面与外载荷断裂面呈现两种不同的表面状态，裂纹断面为脆性断裂，以穿晶断裂为主；外载荷断裂出现微孔聚合模式,为韧性断裂。

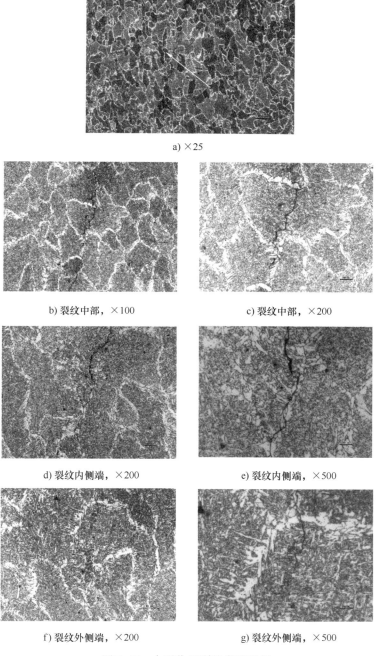

a) ×25

b) 裂纹中部,×100

c) 裂纹中部,×200

d) 裂纹内侧端,×200

e) 裂纹内侧端,×500

f) 裂纹外侧端,×200

g) 裂纹外侧端,×500

图 7-17 水平位置裂纹微观组织

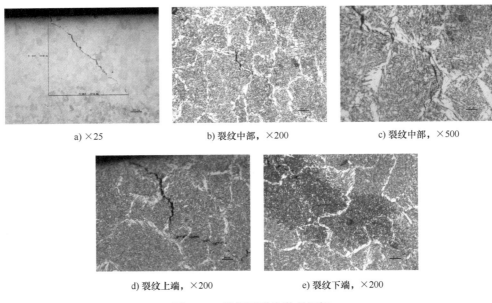

图 7-18 纵剖面裂纹微观组织

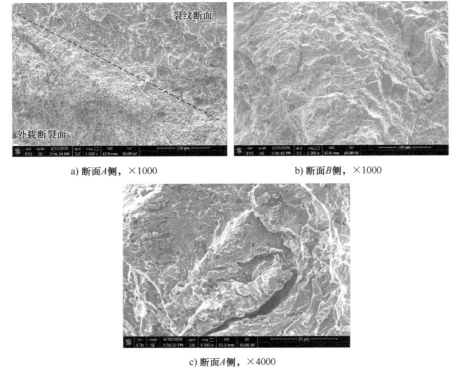

图 7-19 裂纹断面形貌

7.3.3 原因分析

从裂纹出现的时机、微观及断口形态、位置，可以判定此裂纹为氢致冷裂纹。氢致冷裂纹的影响因素有焊缝中扩散氢含量、拘束应力、淬硬组织，但焊缝组织正常，也未存在淬硬组织，硬度平均值只有213HV10，因此，主要影响因素是扩散氢含量和拘束应力。

本案例中焊缝内扩散氢的主要来源是潮湿天气、未烘干的焊剂以及实际施工过程中雨水浸入坡口且未进行烘干等。潮湿天气会引起坡口内表面吸附水分、焊剂潮湿，导致焊缝中扩散氢含量增多。日本学者铃木等对于空气中的湿气影响扩散氢含量的程度进行了对比试验，证明湿气（用水蒸气分压表示）越高，焊缝中扩散氢含量越高，如图7-20所示。焊剂属于氟碱型烧结焊剂，要求焊前300~350℃烘干1~2h，实际未严格按照烘干要求实施，有些未烘干，有些烘干温度及时间不足，焊剂中吸潮后会导致焊缝中氢含量显著增加。厚板焊接焊缝中扩散氢含量会不断累积，并在焊缝厚度上形成不同的含量分布。焊缝中扩散氢含量的分布由 L. V. Privozink 通过90mm厚、2.25Cr-1Mo钢的焊接试验证明，扩散氢含量最高位置在终焊层向下1/4板厚附近，如图7-21所示。本案例中40mm板厚的焊缝，裂纹的发生位置在13~15mm，具有较强的对应关系。焊接

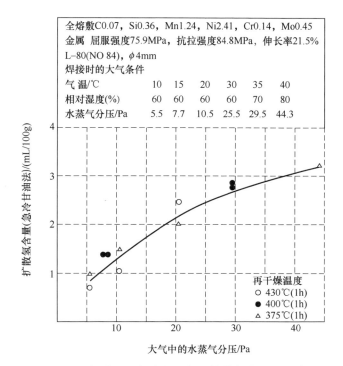

图7-20 焊接时空气中的湿气对扩散氢含量的影响

参数对于氢含量的影响，由山口等通过HT80钢焊条电弧焊的试验证明，焊接热输入越大、焊接层数越少，则焊缝中扩散氢含量越高。

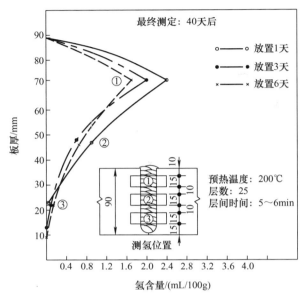

图 7-21　板厚方向的氢含量分布之测定值

搭载阶段由于本身结构的重量关系（本案例中搭载的分段重量超过600t），拘束度相对于分段制造阶段显著增加，板厚与拘束度呈正比关系，高拘束度也是本案例中裂纹产生的主要原因之一。同时，焊接顺序的不合理也无形中增大了拘束度，从以上模拟试验裂纹出现的位置可以看出，裂纹均产生在后半段，尤其是与端部拘束焊缝搭接的位置。而现场生产过程中，由于厚板、薄板均存在，同一环缝中薄板很快就焊接施工完，造成厚板往往是最后才焊接，并形成封闭焊缝，因此，所受到的拘束应力也最大。厚板焊接横向裂纹产生的位置则与纵向残余应力的分布有关，左藤等对2.25Cr-1Mo钢埋弧焊焊缝的残余应力进行分析，得出纵向残余应力显著高于横向残余应力，且纵向残余应力在板面向下1/4位置附近达到最大值，如图7-22所示。在现场碳弧气刨后发现的裂纹有些已经扩展到距离背面1/4的位置，均是在纵向残余应力及扩散氢的作用下不断延迟扩展的结果。

7.3.4　裂纹的检测及处理

由于横向缺陷UT扫查并非常规检测方法，只有当存在疑似普遍性横向缺陷时才进行。为了提高裂纹判断的准确性，需要先进行基本UT检测方式，标出缺陷信号显示的位置后，再进行横向缺陷扫查方式检测，对于两者重叠的位置产

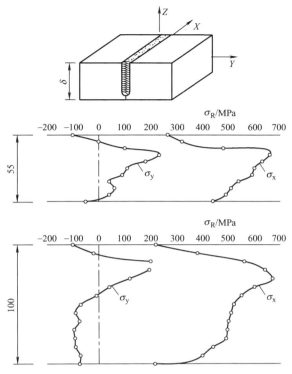

图 7-22 厚板多层焊焊缝中残余应力的分布（2.25Cr-1Mo 钢，SAW）

生裂纹的概率较小。横向裂纹的缺陷信号显示，显示波大多单独存在、周边杂波较少，且只能沿焊缝长度某个方向才能显示（本案例只能沿着焊接方向移动探头），较少存在单独一个裂纹，大多呈"梳子"状密集显示。检测在焊接完成超过 48h 后进行，后续基本上不会再产生新的裂纹，但裂纹会沿着厚度方向、宽度方向扩展，比模拟试验中裂纹的宽度和深度尺寸更大。骑在焊缝上进行横向缺陷扫查，对于焊缝表面的要求较高，应尽量保证表面平整，以减少误判的概率。即使如此，也可能会存在误判，只能通过碳弧气刨后做 MT 或 PT 检测进行验证。

处理横向裂纹，应尽早发现尽早处理，以免裂纹扩展后增加返修量。采用碳弧气刨方式去除裂纹，由于裂纹主要位于两侧，碳弧气刨时要注意到达 UT 检测缺陷位置后要增加碳弧气刨的宽度，形成 U 形坡口。去除缺陷后，再进行 MT 检测确定是否完全去除，尤其是两侧坡口面的裂纹消除情况。

7.3.5 预防措施

预防横向裂纹有多种方法，可能需要同时开展，也有可能控制好某一方面就可以避免裂纹的产生。以本案例中的钢板材料为例，从控制焊缝中扩散氢含量及减少拘束应力两个方面进行预防。

(1) 降低扩散氢含量

1) 焊接接头焊接前烘干水分,保持钢板温度超过65℃;焊接过程尽量连续焊接完成,如果客观因素造成中断,则必须重新按要求烘干水分并达到65℃以上;做好防风、防雨、防水措施,严禁雨水飘浮、流入焊接区域,必要时停止施工。焊剂烘箱放置在施工区域,减少暴露在空气时间,并严格按要求进行烘干(300~350℃/1~2h)、保温,严禁使用未烘干或未使用完过夜的焊剂;焊丝拆开锡箔纸后,尽快使用完,24h内未使用完需返回仓库保管。严格按照焊接参数、层道数进行施工,不能随意调高焊接电流、改变焊接速度、减少焊接层道数,防止焊缝组织粗化、塑性韧性降低,减少氢含量的聚集。

2) 作为一种可选方案,选择氢含量更低的焊材或者在焊接完成后立即后热去氢,也能起到降低焊缝扩散氢含量的效果,只是生产成本会增加。

(2) 降低拘束度 实行厚板先焊原则,避免先焊的较薄结构对厚板形成拘束;同时,如果厚板焊缝较长,可以分成两段进行焊接,但焊接时需注意焊接终端具备一定的自由度,不能出现封闭焊缝的情况,如从中部向两侧采用退焊法。

7.4 T形接头全熔透焊缝横向裂纹

7.4.1 裂纹特征

某散货船壁墩侧板与内底板在搭载阶段焊接后,发现表面及内部存在横向裂纹,裂纹大多深度较浅,存在于从焊缝表面向下5mm的深度范围内(见图7-23a),但个别裂纹深度达到15mm(见图7-23b),有些裂纹在焊缝中心,有些靠近下焊趾附近(见图7-23c)。裂纹非常微小,所以必须通过打磨表面至一定深度,并通过MT或PT检测才能发现,另外一种方式是采用UT(横向缺陷扫查方式,将探头骑在焊缝表面,沿长度方向移动)检测也能发现。焊接完成后冷却到室温进行无损检测即可发现。

壁墩侧板与内底板焊接接头形式为全熔透T形接头,横焊位置,焊缝长度约8m,其接头细节及裂纹主要产生区域如图7-24所示。壁墩侧板与内底板存在自然夹角为80°,内侧①为壁墩结构内压载舱,外侧②为货舱区,外侧坡口碳弧气刨后角度为50°。焊接时先从内侧焊接,然后从外侧碳弧气刨清根后再完成整个接头的焊接。焊接方法为FCAW,药芯焊丝φ1.2mm,2Y级别,熔敷金属扩散氢含量8.3mL/100g(水银法),焊接电流在240~280A,分为两段由2人进行焊接,施工时间为12月份。钢板及焊丝的化学成分、力学性能见表7-9、表7-10。焊接,施工时间为12月份。钢板及焊丝的化学成分、力学性能见表7-9、表7-10。

a) 表面裂纹(深度5mm)

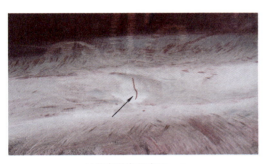

b) 横向裂纹(深度15mm)

c) 下焊脚附近裂纹(表面)

图 7-23 壁墩下脚全熔透焊缝横向裂纹

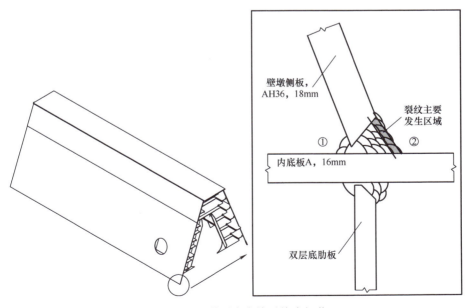

图 7-24 壁墩下脚全熔透接头细节

表 7-9 钢板及焊丝化学成分

材料	C	Mn	Si	P	S	Cu	Ni	Alt	Cr	Nb	V	Ti	Mo	B	Ceq	P_{cm}	备注
钢板AH36	0.15	1.47	0.46	0.016	0.005	0.050	0.020	0.031	0.030	0.014	0.007	0.015	0.005	—	0.41	0.244	
钢板A	0.13	0.68	0.22	0.018	0.026	0.020	0.040	0.006	0.010	—	0.001	—	0.001		0.24		
药芯焊丝	0.03	1.21	0.011	0.011	0.012	—											

表 7-10 钢板及焊丝力学性能

材料	屈服强度/MPa	抗拉强度/MPa	伸长率（%）	冲击吸收能量平均值/J
钢板AH36	410	550	26.5	194（0℃）
钢板A	320	445	33.5	—
药芯焊丝	554	599	27.8	73（-40℃）

7.4.2 裂纹处理

发现裂纹后，施工单位的技术人员进行初步分析，怀疑是焊接参数过高或焊丝本身的问题。于是从外侧清除裂纹后，将焊接电流控制在200A以内，其他条件未做改变的情况下进行了修补，但经过UT检测仍然存在横向裂纹；后续更换了焊丝的等级（由2Y级别更换为3Y，原焊丝为同一焊接材料公司产品）及其他品牌焊丝（施工单位同时使用的其他品牌焊丝），均未能避免横向裂纹的产生。为了选择抗裂性更好的焊丝，选取了已使用及未使用的其他品牌药芯焊丝进行斜Y形坡口抗裂性试验、扩散氢含量（水银法）及熔敷非金属夹杂物分布情况，见表7-11。其中F牌号为现场原焊缝使用焊丝，D牌号为其同一焊接材料公司产品（等级为3Y）；B、C为施工单位使用的其他品牌焊丝，A、E（未做抗裂性试验）为市场挑选的其他品牌焊丝。A虽然夹杂物等级较低，但由于抗裂性试验较差，且扩散氢含量较高，就未在现场使用；E夹杂物等级较低，且扩散氢含量低，因此，在现场进行了试用，基本上未发现裂纹，然后推广到其他类似结构，也未再发现横向裂纹。

表 7-11　药芯焊丝部分性能试验

牌号	抗裂性试验横截面	裂纹长度/mm	夹杂物等级	[H]/(mL/100g)
A		8	球状氧化物类：2.0 级	8.4
B		3	球状氧化物类：1.5 级	7.0
C		7	球状氧化物类：3.0 级	7.5
D		9	球状氧化物类：2.0 级	4.4
E	—	—	球状氧化物类：1.5 级；单颗粒球状类（DS）2.0 级	3.7
F	—	—	球状氧化物类：3.0 级	8.3

7.4.3 原因分析

这种焊缝中的横向裂纹与 7.3 节中埋弧焊横向裂纹类似，均属于冷裂纹，其产生的位置也与埋弧焊横向裂纹类似，位于正面焊缝往下 1/4 板厚位置，也是过高纵向残余应力与扩散氢相互作用的结果。

理论上侧板较薄、纵向残余应力相对较小，但壁墩下脚结构属于船舶中的 CM 节点。双层底中的肋板与内底板形成的 T 形接头对壁墩侧板与内地板的接头形成了较强的纵向拘束，同时壁墩结构属于箱型框架结构，在内侧焊缝焊接完成后，外侧的焊缝也将受到较强的拘束。

另外一个问题是扩散氢及焊缝微观组织的影响，这在施工单位处理裂纹的过程中得到运用。采用超低氢药芯焊丝可以显著降低这种横向裂纹的产生，但对于焊缝中非金属夹杂物的影响，由于缺少直接的对比证据，很难直接认为非金属夹杂物越低，横向裂纹越少，虽然本案例中采用的焊丝熔敷金属非金属夹杂物等级低、施工后的横向裂纹基本未发生，也可以肯定的是，焊缝中的非金属夹杂物会产生"陷阱"而捕捉到扩散氢，从而在非金属夹杂物与基体的边界聚集。

7.4.4 预防措施

从减少拘束应力的角度出发，可以通过改变焊接顺序来降低纵向残余应力。原有的焊接顺序是基于内侧空间狭小、碳弧气刨作业会产生大量粉尘，从而造成劳动环境恶劣，所以才从坡口背面（即内侧）先焊，坡口面侧进行碳弧气刨清根、焊接的方式。这种方式坡口面由于碳弧气刨的影响，坡口角度和深度都得到扩大，无形中增加了正面的焊接量。但从控制裂纹的角度，需要先从坡口面进行焊接，为了减少背面的碳弧气刨量，可以将侧板与内底板留有间隙 4~6mm，坡口背面贴圆棒衬垫辅助打底背面成形的方式，如图 7-25 所示。间隙可以通过壁墩内部的结构来控制，结构仍然按照原有尺寸与内底板形成零间隙，侧板的坡口角度减小至 40°。正面焊接完成后，再在背面加焊 1~2

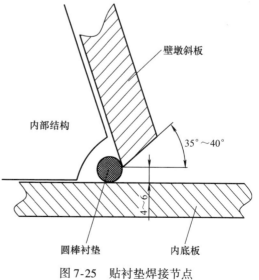

图 7-25　贴衬垫焊接节点

道即可完成接头的焊接。同时其他焊接顺序也应关注，如壁墩与壁墩的立对接、壁墩与边纵壁的立角接、内部结构与内底板的角接均应留到最后再焊。

降低焊缝中的扩散氢，无疑选择氢含量更低的焊丝是最简单的一种做法。但即便如此，焊接过程中控制氢含量也是重要的一环，包括接头区水分的去除、焊丝开封后的保管、控制焊接电流的上限等常规的手段。对于这种结构，也许预热不常用，但能有效提高层道间的温度，对加速氢的溢出是非常有益的。同时预热还可以降低接头的拘束度，对于降低残余应力也有一定作用。

第8章 母材开裂案例

8.1 分层开裂

8.1.1 裂纹特征

某船舶产品锚唇（铸钢件）检测时发现其连接结构锚台面板局部开裂（长度300mm），然后对左、右两个锚台面板整圈进行 MT 检测发现，左侧锚台共发现 14 处横向裂纹，其中 2 处长达 400mm，1 处 100mm，其余在 30mm 以内；右侧锚台共发现 10 处横向裂纹，其中 1 处长达 700mm，另外 1 处长达 230mm，其余在 30mm 以内，典型裂纹如图 8-1 所示。右侧锚台面板长 700mm 处裂纹经打磨深 5～15mm 后依然有裂纹，如图 8-2 所示。锚台面板的材质为热轧船用 A 级钢。

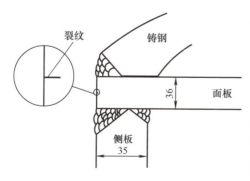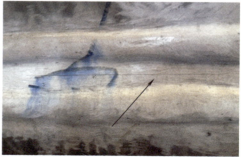

图 8-1 钢板分层开裂

同样的情况发生在一些成品油轮或散货船上，其分舱结构大都为槽形舱壁并带有壁墩。槽壁与壁墩顶板、壁墩顶板与侧板均为全焊透焊缝，焊接完成后

图 8-2　钢板分层开裂碳弧气刨后

发现壁墩顶板端部经过 PT 检测显示分层开裂现象，如图 8-3 所示，但裂纹的深度较浅，最深约 2mm，大部分打磨即可去除掉，局部需要焊接修补。壁墩顶板材料为 24mm 厚 AH36，Z 向钢。

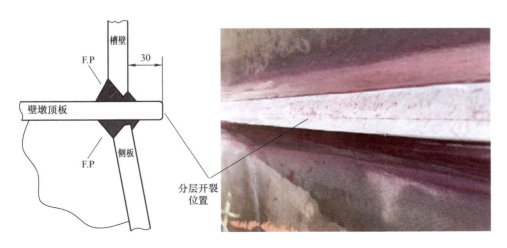

图 8-3　壁墩顶板分层开裂

8.1.2　原因分析

锚台整个结构的装焊顺序是面板与侧板以及内部的加强板先焊接，然后吊装到船体艏部分段上安装，再吊装锚唇铸钢件与锚台面板进行焊接。锚台面板与侧板是全熔透焊缝，锚唇与锚台面板属于坡口深度为 15mm 的深熔焊。针对锚台面板出现的分层开裂现象，首先对后续同样产品的面板下料后进行 UT 检测和侧面 MT 检测，都未发现板材超标分层开裂缺陷，截取端部进行宏观金相组织观察，虽然中心存在一条黑线，但属于钢板心部会常出现的现象，如图 8-4 所示；

跟踪锚台面板与侧板焊接完成后,也未发现板材分层开裂情况,只有当面板与锚唇铸钢件焊接完成后才会发现分层开裂现象。

图 8-4　母材横截面宏观金相组织

综上分析,可以肯定锚台面板是在受到高约束的条件下才产生分层开裂的。一方面,锚台面板端部的坡口设计特点为高约束提供了条件,面板与侧板焊接完成后并固定在首部分段上形成一个刚性非常大的整体,侧板厚度较大,与面板的焊接接头是全熔透焊缝且设计成角接接头,则导致面板端外圈端面向里一定范围内不能在厚度方向进行自由收缩,当锚唇与面板焊接时产生的收缩应力引起了面板心部区域的开裂;另一方面,轧制钢板由于本身工艺特点,板厚中心是最薄弱的位置,因为连铸过程钢坯中心最后凝固,所以较多夹杂物及偏析成分分布在中心,容易造成中心偏析、夹杂或缩孔,虽然后续的轧制可能会将此类缺陷压薄、减少至标准规定范围,但如果应用到一些特殊复杂受力环境的结构中,则中心部位会成为最先开裂的位置。

与锚台层开裂的原因类似,但壁墩顶板端部分开裂深度较浅,可能有两方面的原因:一是顶板的材质为 Z 向钢,通过冶炼及轧制工艺的控制,一定程度上减少了夹杂物及偏析的形成,分层缺陷出现的概率较低;二是焊接接头的设计为顶板凸出槽壁 20mm,形成了面板凸出腹板较小的 T 形接头,这样可以部分减弱全熔透焊缝的收缩应力对端部的影响。

综上所述,钢板相对薄弱的厚度中心在高约束条件下受到焊缝收缩应力的影响,再加上焊接接头设计不合理,最终产生端部分层开裂。

8.1.3　预防措施

(1) 改变焊接接头　改变锚台面板与锚唇铸钢件的焊接接头,如图 8-5a 所示接头,将坡口开设在锚台面板侧,消除了中心起裂位置,同时减少了面板厚度上受到的收缩应力。目前这种方式是最简单有效的。

角接接头设计成T形接头可以有效减少端部开裂，如图8-5b所示，且面板需凸出腹板一定距离 d 以减少焊缝收缩力的影响，这个距离可根据板材特点、焊接熔敷量（产生约束及收缩应力）而定。但是，这种方式有可能会受到结构本身外观或用途的影响而不能实现。

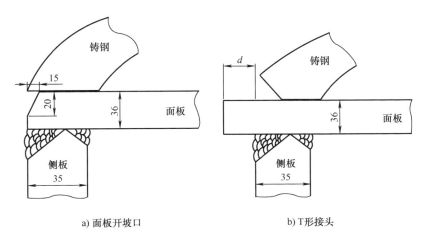

图8-5 设计接头修改

（2）改变装焊顺序 锚台面板开裂是由于面板与侧板形成了一个刚性整体，当面板与锚唇焊接时产生的收缩应力导致分层开裂，如果面板与侧板、锚唇同时焊接或交替焊接，则产生的拘束会大大减小，分层开裂的风险也会降低，焊接顺序如图8-6所示。这种方式的不足是可能会违背船厂分段制作的流程（锚唇和锚台结构先行制作除外），将前道工序的工作转移到了后道，效率方面会有所降低。

（3）端部堆焊 面板端部与锚唇焊接前，先在端部堆焊一层，如图8-7所示，

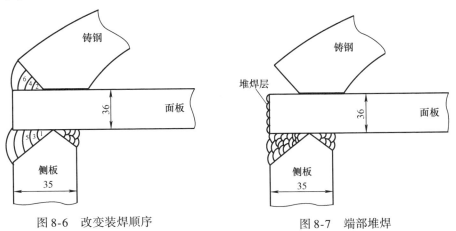

图8-6 改变装焊顺序　　　　　图8-7 端部堆焊

使其起裂点位置受到收缩应力时张开受阻,这样端部起裂基本上不会发生,但内部是否会发生分层开裂尚存疑问。同时,这种方式增加了焊接工作量,一种更简便的方式是在中心打磨出一个可焊接的坡口,然后焊接封回。

8.2 平行于轧制方向开裂

8.2.1 裂纹特征

某船舶产品在拼板对接单面埋弧焊焊接完成后,背面焊缝进行 MT 检测时,发现距离焊趾 10~30mm、平行于焊缝方向(也是板长、轧制方向)的母材存在多处细长裂纹,且发现多条焊缝附近的母材存在此类裂纹,如图 8-8 所示。开裂板的厚度在 18~34mm,材质涉及 AH36 和 DH36,板宽超过 4m。裂纹长度有些不超过 1m,有些连续长度超过 10m;深度经过打磨后测量,较浅的有 1mm 左右,较深的约 4mm。裂纹外观形态多样,有单独一条存在,如图 8-9a 所示;有多条平行同时存在,如图 8-8 所示;也有一条主干裂纹带有细密枝状裂纹,如图 8-9b 所示。出现裂纹的钢板为同一钢厂同一时间段轧制的产品,对钢板预处理后切割前的板长边端部进行 MT 检测,也发现了类似裂纹,如图 8-9a 所示。

图 8-8 焊缝边裂纹

8.2.2 裂纹类型

分别选取一段未焊接和已焊接后的钢板样块(非同一钢板)进行宏观金相分析,如图 8-10、图 8-11 所示。图 8-10 为主裂纹长度约 0.6mm,与钢板表面呈 8°左右的夹角,大体平行于晶粒延展方向,附近有其他较短而浅的开口;裂纹周边的组织以铁素体为主,珠光体量较少且位于裂纹较远位置,说明裂纹周边存在脱碳现象;裂纹内壁部分位置存在钢组织脱落现象,如图 8-10a 圆圈区域;图 8-11 裂纹只有一条,距背面焊缝趾端约 10mm,裂纹开口较大,宽度约 0.2mm,往内延伸带有多条分叉,方向也是与钢板表面呈一定夹角,平行于晶粒

第8章 母材开裂案例

a) 单条裂缝纹　　　　　　　　b) 细密枝状裂纹

图 8-9　裂纹不同形态

延展方向。从裂纹的特征看，焊缝背面焊趾附近的纵向裂纹不属于焊接冶金或焊接应力引起的裂纹类型，而是钢板本身所带来的缺陷。

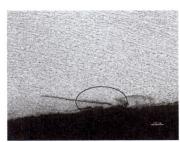 

a) 主裂纹，×100　　　　　　　b) 主裂纹，×200

c) 裂纹起始端，×500

图 8-10　未焊前钢板开裂金相组织

157

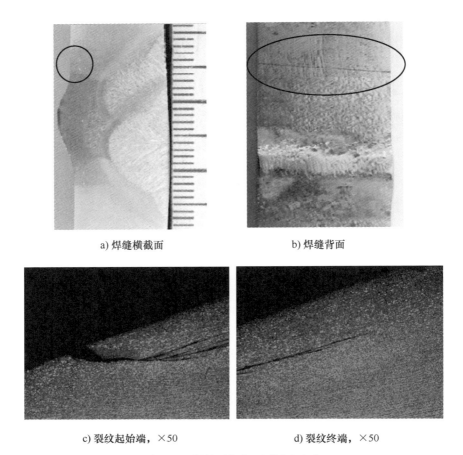

a) 焊缝横截面　　　　　　　　b) 焊缝背面

c) 裂纹起始端，×50　　　　　d) 裂纹终端，×50

图 8-11　焊接后钢板开裂金相组织

8.2.3　原因分析

经与钢厂共同分析，认为主要是由于铸坯角部材料组织温度降低相对更快，角部材料组织优先发生 γ→α 转变，其变形抗力大，在轧制过程中角部金属的变形量相对较小，铸坯窄面中部及角部的变形差异大，造成铸坯窄面形成折叠，在后续的轧制过程中，这种折叠形成的纵向裂纹会延伸到宽面的边部，最终造成长边纵向裂纹的发生，如图 8-12 所示。钢板展宽比越大，裂纹产生的位置距长边端的距离越大，因此，发现的裂纹长均超过了 4m，即使钢厂进行了 100mm 的切边，也不能将裂纹完全去除。

目前发现的裂纹均位于下表面，钢厂大多未对钢板背面进行肉眼检查或无损检测，而进入用户单位后也未进行背面检查，在焊接完成后进行焊缝检查时才发现。

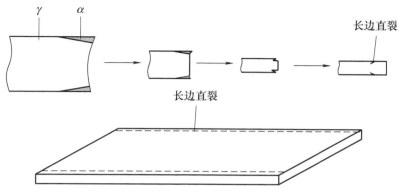

图 8-12　钢板长边纵向裂纹产生过程

8.2.4　预防措施

由于平行于长边的边纵向裂纹与焊接因素无关,则控制此类缺陷的方案主要由钢厂实施。目前钢厂以及相关科研院所对长边纵向裂纹均开展了相关的研究,在连铸工艺、铸坯精整、加热炉工艺及轧制工艺等方面提出了各种措施。本项目所涉及的裂纹,钢厂主要从以下两个方面进行预防。

(1) 连铸坯生产工艺优化及坯料边部清理　一是增加倒角结晶器,在铸坯过程中直接形成倒角,如图 8-13a 所示,倒角角度 θ 及尺寸 d 由各钢厂工艺而定,如邯郸钢铁厂采用二次倒角的方式,进一步消除了长边纵向裂纹;二是如果未能在结晶器内倒角,则钢坯在堆垛结束后对边部进行清理,去除棱角,使上下表面与侧表面形成圆滑过渡,如图 8-13b 所示。

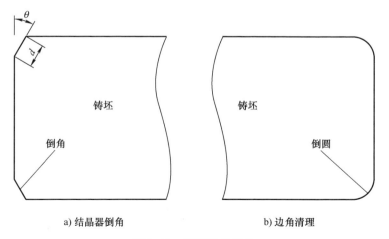

a) 结晶器倒角　　　　　　　　b) 边角清理

图 8-13　铸坯工艺优化

（2）钢板加边量设计 在坯料设计时，采用单独代码进行识别，对较宽钢板进行额外增加 35~50mm 的加边量。原 3500~5300mm 宽度钢板两边加边量共100mm，现 3500~4500mm 宽度钢板增加 135mm，4500~5300mm 宽度钢板增加150mm，剪切时对中剪切，确保边部缺陷完全切净，并加大成品检查力度。

8.3 垂直板面开裂

8.3.1 裂纹特征

某船舶产品货舱区隔舱为槽形舱壁，通过壁墩与内底连接，壁墩结构如图 8-14 所示，壁墩顶板与侧板为全熔透焊缝。壁墩顶板为 AH36Z25，正火态交货，化学成分和力学性能见表 8-1 和表 8-2。

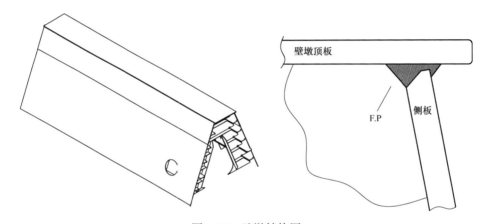

图 8-14 壁墩结构图

表 8-1 AH36Z25 钢板化学成分（质量分数） （%）

C	Mn	Si	P	S	Als	Cu	Nb
0.16	1.52	0.26	0.016	0.006	0.021	0.04	0.028

Cr	Ni	Mo	Ti	As	Sn	V	备注
							CEV
0.02	0.01	0.001	0.014	0.02	0.012	0.039	0.43

表 8-2 钢板力学性能

材料名称	抗拉强度/MPa	屈服强度/MPa	伸长率（%）	冲击吸收能量/J（-0℃）	Z 向拉伸平均值（%）
AH36Z25	548	388	31	215	55

壁墩结构制作完成后，在进行壁墩顶板与侧板表面检测时发现壁墩顶板伸出端面有线性磁痕显示，且同一批材料均存在此类缺陷，如图8-15所示，初步判断为裂纹。裂纹位于顶板的长边端面（即轧制板长边），垂直于板平面，长短不一，分布在长边各个位置，有些多处聚集在一块小区域内。大部分裂纹轻微打磨后即可去除，但也有部分需要打磨较深一些后才能完全去除。

图8-15　壁墩顶板端面裂纹

8.3.2　原因分析

对壁墩顶板同批号余料取样并在实验室条件下进行焊接试验。试验前对试样端部进行MT检测，未发现任何裂纹，随后模拟现场接头进行焊接试验，焊后MT检测仍未发现任何裂纹。

截取壁墩顶板端部带有裂纹的试样，轻微打磨上下表面后，经10%硝酸水溶液侵蚀，通过10倍放大镜观察，未发现裂纹；自样品上表面以下5mm处截取水平面截面试样，抛光后，未侵蚀，置于显微镜下观察，裂纹深度为0.163～0.331mm，如图8-16所示，4个裂纹中，其中一个裂纹相对较宽，端部也比较圆钝，另外3个裂纹非常微小，裂纹终端尖锐，整个开裂过程曲折，并有一定的台阶，部分裂纹有分叉扩展迹象。非金属夹杂物按GB/T 10561—2005《钢中非金属夹杂物含量的测定 标准评级图显微检验法》来评定，裂纹边缘附近球状氧化物可评为1级，未焊接边缘及心部球状氧化物均可评为1级。试样经4%硝酸酒精侵蚀后，在蔡司显微镜下观察，裂纹近表面组织为细小珠光体+铁素体；心部组织为条状珠光体+铁素体（见图8-17）。未焊接位置的边缘和心部的组织均为条状珠光体+铁素体（见图8-18）。

从母材和裂纹附近微观组织分析，均符合相关标准，切割后及实验室模拟焊接情况也未能重现裂纹。推测这种裂纹主要是一种热应力裂纹，原因可能有两个：一是焊接收缩应力的因素；二是材料本身的特点。壁墩顶板与侧板全熔透焊缝通常是先焊接结构面，非结构面进行碳弧气刨清根，一般清根的深度超过板厚的2/3，整条焊缝长度约10m，焊接量非常大，造成纵向收缩使得壁墩产生弯曲变形，类似于T形材料焊接完成后的变形，从图8-15可见，全焊透焊缝与顶板伸出端相邻，对于伸出端部自然产生较大的收缩应力。顶板材料虽然完全满足标准要求，但碳当量相对较高，其中S、P、Cu、As、Sn和Sb元素是再热裂纹敏感元素，发生热应力微裂纹的概率增大，在受到相邻焊缝的收缩应力作用下产生微裂纹。

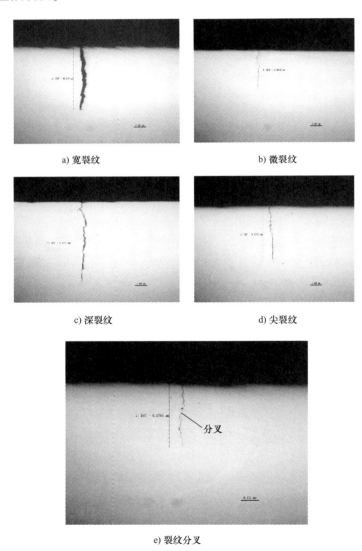

图8-16 裂纹深度观察（×200）

图 8-17　裂纹处显微组织（×200）

a) 边缘

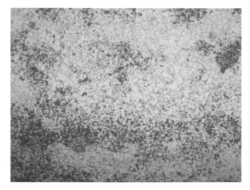

b) 心部

图 8-18　母材显微组织（×200）

8.3.3　预防措施

目前，针对这种自由端面的微裂纹报道较少，也有可能是很少对这个位置进行无损检测。根据推测的两个影响因素，从材料选择角度上看，仍然建议采用碳当量较低、再热裂纹敏感元素较低的钢板，但这在目前并没有明确的证据证明控制在什么范围可以避免这种裂纹，在当今 TMCP 轧钢技术已经非常成熟的条件下，选择 TMCP 交货状态的钢也许不失为有益的选择。在减少应力方面，建议改变目前双面焊接的工艺，采用单面坡口、根部间隙控制在 5mm

以上、在非结构面辅以圆棒衬垫的方式进行焊接，即使衬垫面某些位置需要碳弧气刨处理，但可以大大减少自由端面所受到的热应力作用，减少这种裂纹的产生。

在实际生产过程中，壁墩或以类似接头焊接完成后，如果发现垂直于板面的微裂纹，则应第一时间进行打磨处理，因为裂纹尚未扩展，深度一般都较浅，基本上通过打磨即可处理。

第9章 垂直气电焊裂纹案例

9.1 熄弧裂纹

9.1.1 裂纹特征

垂直气电焊主要在总组、搭载阶段，应用于舷侧分段的外板、边纵壁板、分舱壁板等结构的立对接焊。背面采用陶瓷衬垫或水冷铜垫、正面采用水冷铜滑块辅助正反面一次焊接成形，焊接效率高，也广泛应用于石化、钢结构等，英文简称为 EGW、VEGW、SG-2，垂直气电焊示意如图9-1所示。垂直气电焊类似于电渣焊，实际上也是电渣焊热输入过大导致接头低温韧性不满足要求后，逐渐在船舶行业应用起来的一种焊接方法，通过细直径（主要是 $\phi1.6mm$）药芯焊丝的合金成分调配，使得接头满足更低温度的冲击韧度要求。

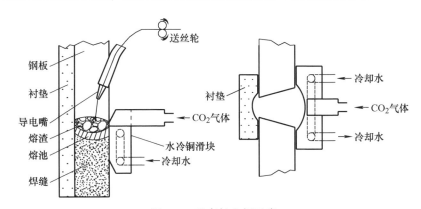

图9-1 垂直气电焊示意

垂直气电焊焊接效率高，但焊接过程中不可避免地会停弧，如更换焊丝、设备故障、障碍物阻挡、操作不当等。停弧后熔池冷却，会形成熄弧弧坑裂纹，某垂直气电焊接头位置的宏观金相组织如图9-2所示。裂纹位于焊缝结晶的汇合部位，贯穿整个熄弧位置的焊缝厚度截面。观察裂纹微观组织，裂纹开口较大，内部含有收缩开裂过程中的拉裂焊缝碎块，由于受到后一道焊缝热量的影响，裂纹周边均转变为细小的铁素体及少量珠光体，如图9-3所示。

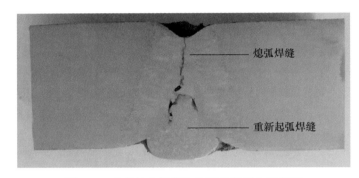

图9-2 垂直气电焊接头位置的宏观金相组织

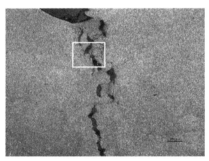
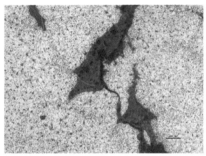

a) ×25   b) ×200

图9-3 裂纹微观组织

9.1.2 原因分析

垂直气电焊焊接电流一般均较大，大多超过300A，焊接速度慢，整个熔池的温度较高，液态焊缝量大，在突然熄弧后正面由于水冷铜块的作用最先开始冷却，背面在陶瓷衬垫的保温作用下冷却相对缓慢，熔池两侧开始向中间结晶，最终汇合于焊缝中心。熄弧后熔池最后冷却的位置成分偏析最严重、各种低熔点物质聚集，在得不到充足的熔敷金属补充下造成中部下凹，最终冷却时在横向收缩应力作用下形成缩孔、裂纹。

熄弧的弧坑裂纹在很多焊接方法中存在，在前面章节中也专门提到过，均属于典型的结晶裂纹。从低熔点物质的角度分析，母材对于垂直气电焊的影响相对于其他方法更大，因为垂直气电焊热输入大，母材的熔合比大，如果母材

C、P、S等元素含量较高，则会导致焊缝中心低熔点共晶物含量增大，导致焊缝的抗裂性下降。

9.1.3 预防措施

垂直气电焊的熄弧裂纹从操作上很难预防，很多焊接过程中属于被动停弧，也不能通过衰减电流的方式补充焊缝金属，因此，工程实践都是通过返修来处理裂纹。从减少停弧的频率角度出发，有很多工作需要做，如焊接前仔细检查正面坡口两侧是否存在焊缝余高超标、装配码脚等阻碍滑块正常滑行的凸起，背面贴衬垫时需顶紧衬垫与钢板的接触面，不能留有空隙；脚手架的布置需预留小车行走的空间，尽量采用吊篮或高空车，减少人员、送丝机的移动；焊机的维护保养、人员的培训等，均是减少被动停弧、避免熄弧裂纹的重要措施。

由于裂纹具有一定的贯穿性，修补时需要正反面修补，一般先从一面碳弧气刨约2/3深度，采用常规焊接工艺修补后，再从另外一面碳弧气刨去除缺陷，进而完成整个熄弧接头的修补。

9.2 表面横向裂纹

9.2.1 裂纹特征

国内某船的外板垂直气电焊焊缝在检测时发现其中一条焊缝存在多处表面微裂纹，裂纹并非垂直于焊缝纵向轴线，而是呈一定角度，大部分位于焊缝两侧，与焊缝表面纹路形状相同。裂纹经打磨去除后，测量裂纹深度大多为1~2mm，个别较深为3~4mm，如图9-4所示。

图9-4 垂直气电焊表面裂纹

母材为 EH36，厚度为 18~28mm，焊丝型号为 A5.26 EG82T-NM2，母材、熔敷金属的化学成分见表 9-1。

表 9-1 母材、熔敷金属的化学成分（质量分数） （%）

材料名称	C	Mn	Si	P	S	Al	Mo	Ti	Cu	Nb	Ni	V	Ceq
母材	0.06	1.39	0.17	0.006	0.002	0.02	0.07	0.016	0.01	0.022	0.14	0.003	0.33
熔敷金属	0.05	1.73	0.33	0.011	0.003	0	0.15	0	0.02	0	1.51	0.02	0.474

9.2.2 原因分析与预防措施

垂直气电焊焊缝熔池温度高，冷却速度慢，很少会出现焊缝或热影响区冷裂纹，对于本案例中的表面横向裂纹，经过分析，认为主要与焊接材料的匹配和施工环境有关。本案例中垂直气电焊焊丝为了满足 EH36 级别钢的低温冲击韧度要求，在选择高冲击韧度焊丝的同时，强度也属于高匹配，焊丝熔敷金属与母材抗拉强度相差超过 100MPa，合金成分较高，在局部冷却过快时易产生淬硬组织，同时，焊缝纵向残余应力随着强度的提高而升高。据反馈，在焊缝施工过程中，有雨落到正在焊接的焊缝上，造成一些焊缝表面存在冷却过快的情况。

对于垂直气电焊横向缺陷，如裂纹，也会受到焊接参数不匹配的影响，尤其是电弧电压相对较小，正面的热量供应不足，焊缝的纹路变粗，有时会在焊缝纹路之间存在细长的夹渣。另外，水冷滑块顶住焊缝的压力过大，在设备自动跟踪功能失效时需要人工调整滑块，这样会使滑块携带着高温焊缝金属向上移动，造成每次移动滑块就会在焊缝横向有一道凸起，疑似横向缺陷。

值得注意的是焊缝渗铜问题，水冷滑块由于水路不畅、水压不足造成滑块得不到有效的冷却而发生熔化，部分铜质会渗入到焊缝表面造成铜污染开裂。

对于表面横向裂纹的预防，重点在于施工环境的防护。因为垂直气电焊施工很多在外场，施工环境较为恶劣，也缺少必要的防护。因此施工应尽量选择晴朗的天气，在梅雨季节需要对整个焊接区域进行防护，并做好防水，避免雨水从钢板上方流入焊接接头。其他则是日常设备的维护保养，尤其是冷却水系统的维护，由于很多情况造成水的纯度不够，水管长期使用后会产生沉淀杂质，使得滑块冷却效果变差，从而发生渗铜开裂。

参 考 文 献

[1] 陈听梁，等．船舶焊接手册［M］．北京：国防工业出版社，1995．
[2] 第一机械工业部哈尔滨焊接研究所．焊接裂缝金属分析图谱［M］．哈尔滨：黑龙江科学技术出版社，1981．
[3] 田燕．焊接区断口金相分析［M］．北京：机械工业出版社，1991．
[4] 王克强，刘建伟．单面埋弧焊接法的终端裂纹［J］．江苏船舶，2002（4）：44-45．
[5] 李伟，李国田，刘磊．FCB法焊缝质量分析［J］．山东化工，2015，44（23）：95-96．
[6] 唐连元．FCB法焊接终端裂纹和背面焊缝表面裂纹控制的技术研究［J］．金属加工（热加工），2018（16）：23-25．
[7] YASUHISA OKUMOTO, OSAMU BABA. Improvements of flux-copper hacking welding quality［J］. Journal of Ship Production, 2003, 19 (4)：223-229.
[8] 陈听梁，等．船舶焊接手册［M］．北京：国防工业出版社，1995．
[9] 约翰C. 利波尔德．焊接冶金与焊接性［M］．屈朝霞，等译．北京：机械工业出版社，2017．
[10] 李亚江，王娟．焊接缺陷分析与对策［M］．北京：化学工业出版社，2016．
[11] 陈章兰，等．焊接弧坑热裂纹的力学机制分析［J］．焊接学报，2018，39（12）：71-76．
[12] 张智，等．再论药芯焊丝在船舶焊接中的缺陷和对策［J］．金属加工（热加工），2009（19）：22-25．
[13] 中国机械工程学会焊接分会．焊接手册：材料的焊接［M］．北京：机械工业出版社，2004．
[14] 英若采．熔焊原理及金属材料焊接［M］．北京：机械工业出版社，1999．
[15] 孙咸．国产气保护药芯焊丝的质量问题及对策［J］．机械工人（热加工），2003（8）：15-18．
[16] 佐藤邦彦，等．焊接接头的强度与设计［M］．张伟昌，等，译．北京：机械工业出版社，1983．
[17] 铃木春义．钢材的焊接裂缝（冷裂纹）［M］．梁桂芳，译．北京：机械工业出版社，1981．